Quantella Noto

Conhecimentos, competências e aptidões adquiridas num estágio em hotelaria

Quantella Noto

Conhecimentos, competências e aptidões adquiridas num estágio em hotelaria

Aprendizagem experimental: Adquirir as competências necessárias para obter uma vantagem competitiva que transformará a sua vida

ScienciaScripts

Cover image: www.ingimage.com

This book is a translation from the original published under ISBN 978-3-659-88895-3.

Publisher:
Sciencia Scripts
is a trademark of
Dodo Books Indian Ocean Ltd. and OmniScriptum S.R.L publishing group

120 High Road, East Finchley, London, N2 9ED, United Kingdom
Str. Armeneasca 28/1, office 1, Chisinau MD-2012, Republic of Moldova, Europe
Managing Directors: Ieva Konstantinova, Victoria Ursu
info@omniscriptum.com

Printed at: see last page
ISBN: 978-620-8-59258-5

ÍNDICE DE CONTEÚDOS

CAPÍTULO - I

INTRODUÇÃO

A American Hotel and Lodging Industry lançou o livro "coffee-table" intitulado "A Century of Hospitality, 1910-2010" para comemorar o seu centenário (Vermillion, L., 2010, p. 4). O livro destaca as mudanças e o crescimento que ocorreram no sector do turismo e da hotelaria no último século. A indústria da hotelaria e do turismo é atualmente uma indústria multi-bilionária, uma das maiores indústrias de exportação de serviços do país e um dos maiores empregadores da América (2011 Lodging Industry Profile, http:// www.ahla.com). Em 2011, foram criados diretamente 98 milhões de postos de trabalho na indústria das viagens e do turismo em todo o mundo e, até 2022, prevê-se que a indústria gere diretamente 120 milhões de postos de trabalho, com um total de 328 milhões de postos de trabalho a nível mundial (Economic Impact of Travel & Tourism Summary 2012, recuperado em 25 de maio de 2012, http:// wttc.org).

Para manter uma vantagem competitiva num ambiente global, a indústria hoteleira precisará de futuros líderes que tenham as competências e aptidões necessárias para se adaptarem a uma indústria em mudança. Nesta indústria cada vez mais complexa, a liderança sénior é importante e é crucial identificar as aptidões e competências mais críticas relacionadas com os líderes de elevado desempenho (Brownell, 2007). Para facilitar o processo de identificação de competências de liderança importantes, os gestores e líderes do sector hoteleiro começaram a utilizar modelos de competências como uma ferramenta para identificar os conhecimentos, as competências e as aptidões cruciais (KSA) de que os líderes hoteleiros necessitam para serem bem sucedidos. Os modelos de competências centram-se no comportamento do indivíduo e não na personalidade, que pode ser mais difícil de medir. Os modelos de competências são utilizados pelas organizações para ajudar a identificar o comportamento necessário para um desempenho eficaz e bem sucedido e constituem uma linguagem comum para discutir as capacidades e o desempenho. A identificação das competências relevantes para os profissionais da indústria não só ajuda a desenvolver futuros líderes, como também ajuda a combater os desafios no recrutamento e seleção, formação e desenvolvimento de carreira e gestão da mudança numa organização (Chung-Herrera, Enz, & Lankau, 2003). As competências essenciais para os líderes do sector hoteleiro variam de acordo com as divisões (alojamento, restauração, viagens e turismo), mas partilham um conjunto comum de competências essenciais para os gestores de nível inicial e para a liderança de nível superior. O conceito de conhecimentos, aptidões e capacidades (CSA) centra-se nos "factores essenciais da empresa" que a informação baseada na investigação revelou serem as competências de liderança que servem de base às descrições de funções, à formação em gestão e à avaliação do desempenho profissional na indústria hoteleira (Kay & Moncarz, 2004, p. 286). Muitas das KSAs identificáveis podem ser agrupadas nas categorias "liderança" e "interpessoal", com numerosas competências e capacidades dentro dessas categorias. Alguns dos principais conhecimentos, competências e aptidões identificados incluem: gestão de recursos humanos, tecnologia da informação, gestão financeira, pensamento crítico e comunicação, liderança, competências de marketing, gestão do tempo e conhecimento do sector (Kay & Moncarz, 2004).

Ao longo dos anos, a indústria hoteleira apercebeu-se de uma necessidade crescente de um "estilo de liderança" nos gestores em vez de um "estilo de controlo", com ênfase nas competências estratégicas e empresariais em vez das competências operacionais e técnicas (Umbriet, 1993; Raybould & Wilkins, 2006). Numerosos estudos realizados nas décadas de 80 e 90 sobre as competências consideradas essenciais para os líderes hoteleiros indicaram que as competências de "liderança" e "interpessoais", embora amplas, estavam classificadas entre as competências mais desejáveis para desenvolver um estilo de liderança (Johanson, Ghiselli, Shea, & Roberts, 2011).

O papel que o ensino da hotelaria tem desempenhado no avanço do sector é fundamental para a sua evolução. Os programas especializados em gestão hoteleira remontam à década de 1920, quando a Universidade de Cornell iniciou o primeiro programa de gestão hotelcira, atć aos dias de hoje, em que existem mais de 200 instituições de quatro anos que preparam os estudantes para entrar no mercado de trabalho da hotelaria (Annaraud, 2006). Desde a década de 1920, os educadores da hotelaria têm-se apoiado nos líderes da indústria para obterem orientação relativamente às competências essenciais exigidas aos licenciados para o seu sucesso (Kay & Russette, 2000) e os programas de gestão da hotelaria têm efectuado alterações curriculares significativas para satisfazerem as necessidades em constante evolução da indústria (Pavesic, 1991). Estes programas começaram a desempenhar um papel no desenvolvimento de muitas das competências desejadas nos estudantes e fizeram-no integrando requisitos de aprendizagem experimental no currículo académico. A aprendizagem experimental pode assumir várias formas - estágios, aprendizagem de serviços e practicum - e é considerada essencial para uma educação empresarial de qualidade.

Os estudantes de gestão hoteleira que participaram num programa de aprendizagem experimental, em comparação com os que não participaram, tiveram uma melhor compreensão do funcionamento das organizações hoteleiras, uma maior capacidade de adaptação à mudança e demonstraram melhores competências de liderança e de gestão financeira (Lee, 2007). A capacidade de compreender como os estagiários aprendem e, em particular, como moldam a aprendizagem num ambiente de aprendizagem experimental é essencial para o desenvolvimento de competências de liderança. Este estudo procura compreender as percepções que os estagiários têm relativamente às suas aptidões e competências de liderança antes e depois da sua experiência de aprendizagem experimental, bem como discutir as percepções do supervisor ou diretor sobre o desenvolvimento das competências do estagiário. A perspetiva das partes interessadas envolvidas no processo de aprendizagem experimental - estagiários e supervisores ou mentores - ajudará a promover o processo de desenvolvimento de competências de liderança.

Objetivo do estudo

O objetivo desta investigação é obter mais conhecimentos sobre a relação entre a aprendizagem experimental, ou estágios, e a obtenção de liderança

competências. De acordo com o Inquérito de 2010 da Associação Nacional de Colégios e Empregadores (NACE) sobre Estágios de Empregadores, 83,4% dos empregadores inquiridos afirmaram que os programas de estágio ajudam a organização a recrutar licenciados de nível básico (Programas de Estágio Alimentam a Contratação a Tempo Inteiro. In Spotlight Online for Employment and Recruiting Professionals, 28 de abril de 2010, http://www.naceweb.org). O inquérito também encontrou uma correlação entre a participação num estágio e a permanência no emprego. Da mesma forma, o Inquérito aos Estudantes NACE 2010 concluiu que os recém-licenciados que participaram num estágio tinham mais probabilidades de receber uma oferta de emprego do que os seus pares que não participaram num estágio. A aprendizagem pode assumir muitas formas, e um estágio é uma forma de aprendizagem ativa (Solnet, Kralj, Kay & DeVeau, 2009). Este tipo de aprendizagem integrada no trabalho proporciona aos participantes a capacidade de desenvolver competências e aptidões de liderança específicas utilizadas por líderes eficazes. John Lechleiter, presidente e COO da Eli Lilly and Company, afirma que o modelo para o desenvolvimento da liderança vem da "experiência profissional integrada com a instrução em sala de aula e actividades de liderança, tais como coaching e mentoring" (How Top Companies Breed Stars, outubro, 2007, http://www.cnnmoney.com).

Questões de investigação

O objetivo de uma pergunta de investigação é "operacionalizar" a investigação proposta (Mertens, 2005, p. 344). Este estudo será utilizado para compreender melhor as competências que os estagiários adquirem durante a sua experiência de aprendizagem experimental e a sua perceção das competências adquiridas. A fim de proporcionar uma educação de alta qualidade e relevante para a indústria, os educadores de gestão hoteleira devem identificar e investigar continuamente as competências actuais e em evolução para futuros gestores e líderes (Kay & Russette, 2000). Este estudo abordará as seguintes questões:

1. Como é que os estagiários percepcionam o seu crescimento como líderes durante a sua experiência de estágio em gestão hoteleira?
2. Qual é a perceção que os estagiários têm das suas capacidades de comunicação?
3. Qual é a perceção que os estagiários têm das suas competências interpessoais?
4. Qual é a perceção que os estagiários têm das suas competências de gestão financeira?
5. Qual é a perceção que os estagiários têm das suas competências em tecnologias da informação?
6. Qual é a perceção que os estagiários têm das suas competências de marketing?
7. Quais são as percepções do supervisor sobre as competências de liderança e os conhecimentos adquiridos pelos estagiários durante a experiência de estágio?

A resposta a estas questões fornecerá um quadro para explorar a aprendizagem experimental no local de trabalho e a informação recolhida será utilizada para obter uma maior compreensão das competências que os estagiários adquiriram durante a sua experiência.

Quadro concetual

O enquadramento concetual deste estudo é a exploração da aprendizagem experimental através de um intercâmbio social que promove a compreensão da liderança por parte dos estudantes no contexto da gestão hoteleira. A aprendizagem experimental é conseguida através da realização de um estágio pelos alunos num programa de gestão hoteleira. Os estagiários são particularmente interessantes de estudar porque operam em duas encruzilhadas diferentes: no local de trabalho, onde se espera que sejam trabalhadores competentes e parceiros na atividade produtiva, e na escola, onde são alunos que necessitam de novos conhecimentos (Moore, 2007). A aprendizagem convencional pode ter ignorado o processo de aprendizagem que ocorre entre os estudantes numa experiência de trabalho e, em particular, entre os que são novos numa indústria. Uma estrutura de aprendizagem que tenha em conta os interesses e as experiências do estudante, bem como a transmissão de conhecimentos, estabelece um equilíbrio (Dewey, 1938). O processo de aprendizagem experimental permite ao estagiário estabelecer a ligação entre o local de trabalho e o processo de aprendizagem, e encontrar um equilíbrio entre os dois.

A liderança, de acordo com Grint (2000), é essencialmente um fenómeno social; os líderes têm de construir uma comunidade imaginária à qual os seguidores queiram aderir. Ford e Lawler (2007) examinam a construção social da liderança e sugerem que esta "exige que consideremos a forma como as relações são descritas e compreendidas pelos indivíduos envolvidos, utilizando a sua própria linguagem e conversação" (p. 419). O processo de aprendizagem experimental neste estudo fornece uma construção social para os estagiários definirem e observarem a liderança e adquirirem atributos e competências de liderança. Poucas pessoas têm uma definição e uma compreensão claras do que é a liderança. Este é particularmente o caso dos jovens estudantes que não tiveram qualquer formação formal em liderança (Maxwell & Greenhalgh, 2011, p. 107). Billsberry (2009) adopta uma abordagem socialmente construída à educação para a liderança. De acordo com Billsberry, uma teoria socialmente construída da educação para a liderança evita problemas como desacordos sobre definições e oferece aos formadores uma oportunidade de alinhar a teoria com a prática pedagógica. Quando os estudantes se tornam observadores da liderança em ação e têm a oportunidade de praticar através da aprendizagem experimental, podem então interpretar e avaliar a liderança. A aplicação pedagógica da educação para a liderança prevê a utilização de uma variedade de métodos de ensino para permitir que os alunos definam a sua própria compreensão da liderança, como a aprendizagem experimental ou programas de estágio. Uma abordagem socialmente construída da liderança baseia-se na perceção das pessoas - está nos olhos de quem vê. Não é o que se quer que seja, mas o que as vozes poderosas fazem com que seja (Billsberry, p. 3).

Uma abordagem construtivista social da aprendizagem experimental é o "currículo no local de trabalho". Trata-se da ideia de currículo como uma componente da aprendizagem no local de trabalho. O termo currículo, nesta perspetiva, significa "examinar os meios sociais e técnicos através dos quais as actividades são realizadas: O que é preciso saber e como é preciso pensar para fazer o trabalho (Moore, 2004, p. 329). Os teóricos da cognição situacional defendem que "as pessoas aprendem melhor e mais profundamente determinados tipos de conhecimentos e competências quando têm efetivamente de os utilizar no desempenho do trabalho" (Moore, p. 331). Vários factores podem moldar a experiência de aprendizagem no local de trabalho dos participantes: caraterísticas internas da organização, caraterísticas pessoais dos participantes e o ambiente externo. O ambiente de trabalho específico comum aos estagiários de um programa de gestão hoteleira é o trabalho no sector dos serviços. A indústria hoteleira é uma indústria baseada em serviços, em vez de uma indústria baseada na produção. Para manter uma vantagem competitiva, a indústria de serviços e, por definição, a indústria hoteleira, deve manter altos níveis de produtividade para a sobrevivência competitiva.

A abordagem qualitativa da análise que será utilizada é a investigação de estudo de caso. Um estudo de caso é "uma descrição e análise intensivas de um fenómeno social delimitado, ou de múltiplos fenómenos delimitados, tais como um programa ou um processo" (Bloomberg & Volpe, 2012, p. 31). A natureza desta investigação enquadra-se no formato de estudo de caso, especificamente um estudo de caso coletivo, uma vez que o estudo envolve vários estagiários que fornecem a sua perceção da experiência de estágio num programa específico de gestão hoteleira. A investigação de estudo de caso envolve uma descrição pormenorizada de um ambiente e dos seus participantes, acompanhada de uma análise de dados para temas, padrões e questões (Merriam et. al, 1998). A investigação de estudo de caso distingue-se pela dimensão do caso delimitado (Creswell, 2007, p. 74) e a investigação é delimitada pelo número de estudantes, pelo tempo e pelo local. Uma das implicações das realidades múltiplas é que as questões de investigação podem mudar à medida que o estudo evolui e progride. As questões podem ser moldadas pelos antecedentes dos participantes e pelo contexto em que estão a participar.

A investigação de estudo de caso foi escolhida porque permite a análise cruzada de casos. À medida que surgem descrições pormenorizadas de temas dentro de cada caso, esta forma de investigação permitirá uma análise "dentro" do caso e uma "análise cruzada" (Bloomberg & Volpe, p.
31). A análise temática permite ao investigador compreender a complexidade dos casos e não generalizar a investigação, mas antes ter como objetivo a transferibilidade. A transferibilidade permitirá ao investigador compreender como, se for caso disso, o conhecimento pode ser aplicado a contextos semelhantes e a provável aplicabilidade dos resultados a outras situações em condições semelhantes, mas não idênticas (Patton, 1990).

Quase todos os programas de hospitalidade e turismo incluem, como obrigatório ou como opcional, um estágio (Zopiatis & Constanti, 2012, p. 44). No entanto, o estudo de Lam e Chang (como citado em Zopiatis e Constanti) informa-nos que as expectativas dos estagiários podem ainda não ser satisfeitas. Alpert et al., (2007) e Walo (2001) enfatizaram a necessidade de clareza dos objectivos do estágio e de analisar se o estágio é significativo para as principais partes interessadas - os estagiários e a organização de acolhimento. Como resultado desta investigação, podemos obter mais informações sobre a forma de criar uma experiência mais significativa para os estagiários. Também podemos compreender melhor a construção do conhecimento através dos olhos dos estagiários e explorar como o ambiente de aprendizagem experimental afectou a sua perspetiva de liderança no sector da hotelaria.

Pressupostos

Há vários pressupostos que serão considerados relativamente à abordagem deste estudo. Uma vez que a aprendizagem pode ser considerada como a concretização de uma mudança permanente dentro de um indivíduo (George, 1999), um pressuposto é que os estagiários serão diferentes no final do seu estágio em relação à sua introdução no programa. Uma vez que os estagiários participam em várias actividades de aprendizagem concebidas para integrar os seus conhecimentos com a experiência recentemente adquirida, o ciclo de aprendizagem experiencial de conhecimentos, experiência e autorreflexão pode produzir uma mudança na consciência e desenvolvimento pessoal e profissional do estagiário (Tesone, 2004).

Outro pressuposto desta investigação é que os supervisores e mentores que participam no programa de aprendizagem experimental são competentes na sua capacidade de avaliar os estagiários de uma forma significativa e dar um feedback relativo. Os supervisores das organizações escolhidas pelos estagiários para participarem devem ser capazes de conceber, coordenar e supervisionar eficazmente um programa de aprendizagem experimental significativo. Parte-se do princípio de que os supervisores estão cientes do leque de competências que o estagiário está a tentar alcançar, e o supervisor deve ser capaz de orientar eficazmente o estagiário e avaliar adequadamente as competências adquiridas.

Definição de termos

Gestão hoteleira

A palavra hospitalidade significa "a receção e o entretenimento de hóspedes, visitantes ou estranhos com liberalidade e boa vontade" (Oxford English Dictionary) e, historicamente, refere-se a instituições que fornecem abrigo, alimentação, ou ambos, a pessoas fora das suas casas. O termo refere-se à gama de ocupações e práticas profissionais associadas à administração de hotéis, resorts e outras instalações de alojamento, serviços alimentares, viagens e turismo, reuniões e eventos especiais. Aprendizagem experimental

Foram utilizados vários termos para definir a aprendizagem experimental. Kolb (1984) afirma que "a aprendizagem é o processo pelo qual o conhecimento é criado através da transformação da experiência. O conhecimento resulta da combinação da apreensão da experiência e da sua transformação" (p. 41). Hoover e Whitehead (1975) dão a seguinte definição: A aprendizagem experimental existe quando um participante pessoalmente responsável processa cognitiva, afectiva e comportamentalmente conhecimentos, competências e/ou atitudes numa situação de aprendizagem caracterizada por um elevado nível de envolvimento ativo (p. 25). A componente de aprendizagem experiencial pode assumir muitas formas, incluindo estágios, practicums, ensino à distância e projectos de serviço (Clark & Webb-White, 2010, p. 110).

Estágio

Um estágio é uma forma de aprendizagem experimental que integra o conhecimento e a teoria aprendidos na sala de aula com a aplicação prática e o desenvolvimento de competências num ambiente profissional. Os estágios dão aos estudantes a oportunidade de ganhar experiência aplicada valiosa e estabelecer ligações em áreas profissionais que estão a considerar para percursos de carreira e dão aos empregadores a oportunidade de orientar e avaliar talentos (NACE Position Statement on Internships, 2011). Um estágio é um programa concebido para proporcionar uma experiência de aprendizagem experimental através da qual os estudantes adquirem conhecimentos e competências na sua área de estudo escolhida (Southeast Missouri State University Hospitality Management Internship Policies & Procedures, 2012).

Conhecimentos, aptidões e capacidades (KSA)

Os conhecimentos, as competências e as aptidões são atributos desejáveis para os gestores actuais e futuros, tendo em vista o êxito da gestão hoteleira. Kay e Moncarz (2004) propõem que os conhecimentos e aptidões mais importantes para o sucesso da gestão sejam divididos em quatro domínios, com áreas adicionais de desenvolvimento em cada domínio. Os quatro domínios principais são a gestão dos recursos humanos, o marketing, a gestão financeira e as tecnologias da informação.

Metodologia de investigação

O melhor método de investigação para compreender as questões colocadas é um método de investigação qualitativa. Como Merriam (1998) afirma, a investigação qualitativa é "concebida para construir indutivamente em vez de testar conceitos, hipóteses e teorias" (p. 45), e este estudo basear-se-á no conceito de que a aprendizagem experimental é uma forma de os estudantes adquirirem competências que são valiosas para o sucesso contínuo da indústria hoteleira. As caraterísticas proeminentes da conceção da investigação qualitativa incluem: a capacidade de obter informações mais aprofundadas que podem ser difíceis de transmitir quantitativamente; a capacidade de utilizar ambientes naturais como fonte de dados; e a investigação qualitativa tem uma natureza "emergente", por oposição a uma conceção pré-determinada (Hoepfl, 997). Para efeitos práticos, a abordagem qualitativa é sensata porque não é válida,

métodos quantitativos adequados parecem viáveis para medir os resultados alcançados no processo de aprendizagem experimental ou para medir a reflexão proporcionada pelos participantes individuais (Mertens, 2005).

A abordagem qualitativa mais adequada para este estudo é o construtivismo. Lincoln e Guba (2000) identificaram três questões que ajudam a definir um paradigma - ontológico, epistemológico e metodológico - e os investigadores construtivistas utilizam este paradigma como uma forma de interpretar o significado de algo a partir de uma determinada situação ou ponto de vista individual (Mertens, p. 9). De acordo com a abordagem construtivista, o objetivo da investigação é compreender as múltiplas construções sociais do conhecimento, e esta investigação irá explorar o conhecimento adquirido por múltiplos participantes em várias construções baseadas no conhecimento.

A abordagem construtivista reflecte o princípio básico de que a realidade é socialmente construída pelas pessoas activas na investigação. São utilizadas várias estratégias de recolha de dados qualitativos para desenvolver os resultados da investigação construtivista. O construtivista utiliza modos de recolha de dados mais pessoais e interactivos, como entrevistas, observações e análises de documentos (Mertens, p.15).

O inquérito de investigação específico que melhor revelará cada experiência é o estudo de caso. A investigação de estudo de caso é simultaneamente uma metodologia (um tipo de conceção na investigação qualitativa) e um objeto de estudo (Creswell, 2007). O tipo de estudo de caso distingue-se pela dimensão dos casos delimitados. Esta investigação será um estudo de caso coletivo em que serão utilizados vários casos para ilustrar as percepções dos estagiários sobre as competências de liderança adquiridas durante uma experiência de aprendizagem experimental e de intercâmbio social. A análise do estudo de caso pode ser "holística" (análise de todo o caso) ou "integrada" (análise de aspectos específicos do caso). Esta investigação utilizará a análise integrada que permitirá ao investigador analisar partes do caso específico para as questões de investigação apresentadas (Creswell, 2007).

Os dados recolhidos para este estudo serão consistentes com os métodos de recolha de dados qualitativos. Os dados recolhidos para este estudo serão sob a forma de entrevistas

Enz e Lankau, 2003, p. 17). A preparação para o futuro incluirá a identificação das competências dos estudantes em programas de gestão hoteleira no ensino superior e a conceção de programas de aprendizagem experimental que criarão líderes competentes, eficazes e estratégicos do futuro. O objetivo desta investigação é obter mais conhecimentos sobre a relação entre a aprendizagem experimental, ou estágios, e a obtenção de competências de liderança. Este estudo procurará compreender as percepções que os estagiários têm relativamente às suas capacidades e competências de liderança antes e depois da sua experiência de aprendizagem experimental, bem como discutir as suas percepções do supervisor ou gestor da experiência de estágio.

CAPÍTULO II

REVISÃO DA LITERATURA

A natureza evolutiva da indústria hoteleira sugere que são necessárias novas competências para os actuais e futuros líderes da indústria hoteleira. Identificar e desenvolver talentos de liderança capazes de assumir posições de liderança pode ser uma poderosa vantagem competitiva (Brownell, 2007). A indústria abraçou e implementou rapidamente novos modelos de negócio e, subsequentemente, percebeu que são necessárias fortes competências de liderança numa economia global e diversificada (Kay & Moncarz p. 286).

Ao longo dos anos, a indústria hoteleira apercebeu-se de uma necessidade crescente de um "estilo de liderança" versus um "estilo de controlo" nos gestores, com ênfase nas competências estratégicas e empresariais em vez das competências operacionais e técnicas (Umbriet, 1993; Raybould & Wilkins, 2006). A investigação demonstrou que o estilo de liderança de um gestor tem uma enorme influência no comportamento dos empregados, incluindo a adoção das iniciativas estratégicas e de marketing da organização (Clark, Hartline & Jones, 2009, p. 210).

As questões a explorar neste estudo dizem respeito aos conhecimentos, aptidões e capacidades, ou competências, necessárias aos estudantes de gestão hoteleira para desenvolverem um estilo de liderança que os prepare para o sucesso. As competências relacionadas com os recursos humanos, como a formação e a motivação, foram consideradas o conjunto de competências mais importante para a gestão hoteleira. Ao longo do tempo, foram introduzidas três competências fundamentais essenciais para qualquer gestor: técnica, humana e concetual (Katz, 1955). A competência técnica envolve a compreensão e a proficiência de um tipo específico de atividade, uma competência que requer conhecimentos especializados. A competência humana, ou interpessoal, requer uma comunicação eficaz e implica trabalhar com pessoas e compreender o seu comportamento. A competência concetual é a capacidade de ver uma organização como um todo, bem como a capacidade de compreender a organização no seu ambiente (Gregoire, 2010, p.278). As mudanças no ambiente empresarial ao longo dos anos levaram à necessidade de competências adicionais associadas à liderança, como a gestão financeira, as tecnologias da informação e as competências de marketing. A implicação é que os conhecimentos, as competências e as capacidades necessárias aos gestores e aos líderes mudaram ao longo dos anos (Kay & Moncarz, p. 286).

As mudanças também podem sugerir que não existe um consenso sobre um conjunto de competências essenciais que o sector tenha acordado, mas que a variedade ideal de competências pode depender das variáveis no ambiente do indivíduo. A capacidade de compreender como os estagiários aprendem e, em particular, como moldam a aprendizagem num ambiente de aprendizagem experimental, é parte integrante do desenvolvimento de competências de liderança. Este estudo procurará compreender as percepções que os estagiários têm relativamente às suas aptidões e competências de liderança antes e depois da sua experiência de aprendizagem experimental, bem como discutir as suas percepções do supervisor do local de estágio.

Objetivo

O objetivo desta investigação é obter mais conhecimentos sobre a relação entre a aprendizagem experiencial e a obtenção de competências de liderança. De acordo com Kolb (1984), a aprendizagem é o processo de conhecimento criado através da transformação da experiência. Kolb afirmou que "o conhecimento resulta da combinação da apreensão da experiência e da sua transformação" (p. 41). As técnicas tradicionais de aprendizagem em sala de aula podem ter ignorado o processo de aprendizagem que tem lugar entre os estudantes numa experiência de trabalho, em particular os estudantes que são novos numa indústria.
Muitas das competências essenciais para uma liderança efectiva são aprendidas através da experiência e não de programas de formação formal. As tarefas especiais podem proporcionar uma oportunidade para desenvolver e aperfeiçoar competências enquanto se desempenham as tarefas normais do trabalho (Yukl, p. 467). Eyler (2009) sugere que (a) a aprendizagem experiencial pode "impulsionar" a capacidade de um indivíduo para o pensamento crítico e a aplicação de conhecimentos em situações complexas e ambíguas, que são caraterísticas críticas de liderança, e (b) melhora a capacidade dos indivíduos para se envolverem na aprendizagem ao longo da vida, incluindo a aprendizagem no local de trabalho (p. 26). A

experiência de aprendizagem experimental pode proporcionar uma oportunidade para os estudantes melhorarem a sua formação formal enquanto aprendem competências importantes para uma liderança eficaz.

A importância das várias competências adquiridas depende do ambiente e da forma como a aprendizagem se processa. O comportamento de liderança pode ser "contextualmente baseado" e as competências e capacidades exigidas por um indivíduo podem depender de vários factores (Brownell, 2007). A natureza do ambiente de hospitalidade pode ser um fator que tem impacto na forma como a aprendizagem ocorre e, consequentemente, na forma como as competências são alcançadas. Tesone (2004) propõe um modelo de aprendizagem denominado "whole brain leadership development for hospitality managers", com aplicação de conhecimentos, experiência e reflexão, como forma de melhorar as capacidades de liderança (p. 363). Será importante compreender as percepções dos estagiários relativamente às competências que adquiriram durante a aprendizagem experimental, bem como a perceção dos supervisores relativamente às competências de liderança adquiridas pelo estagiário. Este estudo servirá para compreender melhor a relação entre a aprendizagem experimental e a aquisição de competências essenciais de liderança em gestão hoteleira.

Questões de investigação

O objetivo de uma pergunta de investigação é "operacionalizar" a investigação proposta (Mertens, 2005, p. 344). Este estudo será utilizado para obter uma maior compreensão das competências que os estagiários adquirem durante a aprendizagem experimental e a sua perceção das competências adquiridas. A fim de proporcionar uma educação de alta qualidade e relevante para a indústria, os educadores de gestão hoteleira devem identificar e investigar continuamente as competências actuais e em evolução para futuros gestores e líderes (Kay & Russette, 2000). Este estudo abordará as seguintes questões:

1. Como é que os estagiários percepcionam o seu crescimento como líderes durante a sua experiência de estágio em gestão hoteleira?
2. Qual é a perceção que os estagiários têm das suas capacidades de comunicação?
3. Qual é a perceção que os estagiários têm das suas competências interpessoais?
4. Qual é a perceção que os estagiários têm das suas competências de gestão financeira?

5. Qual é a perceção que os estagiários têm das suas competências tecnológicas?
6. Qual é a perceção que os estagiários têm das suas competências de marketing?
7. Quais são as percepções do supervisor sobre as competências de liderança e os conhecimentos adquiridos pelos estagiários durante a experiência de estágio?

A resposta a estas questões fornecerá um quadro para explorar a aprendizagem experimental no local de trabalho e a informação recolhida será utilizada para obter uma maior compreensão das competências que os estagiários adquiriram durante a sua experiência.

Construção social da aprendizagem

A aprendizagem tem lugar em colaboração com os outros através de um contexto de aprendizagem autêntico da visão construtivista tradicional da educação. A experiência de colaboração pode "ajudar os alunos a incorporar no seu trabalho intelectual muito do que aprenderam sobre o trabalho interdependente nas suas muitas experiências fora da sala de aula" (Bruffee, 1999. p. 20). As tarefas de aprendizagem em colaboração não perguntam "sim ou não?", mas podem perguntar "porquê sim ou porquê não"? Em vez disso, as tarefas de aprendizagem em colaboração são tarefas construtivas que atraem os alunos para um processo construtivo. O resultado é uma construção social "não-fundacional" a que os alunos chegam através da auto-descoberta (Bruffee, p. 30). Gill (2010) afirma que "a aprendizagem colaborativa é o segundo nível de aprendizagem organizacional, alavancando o conhecimento coletivo e a sabedoria de um grupo de pessoas" (p. 75). Os princípios da educação construtivista incluem: conceber a tarefa e o ambiente de aprendizagem de modo a refletir a complexidade do ambiente em que os alunos são capazes de funcionar no final da aprendizagem, proporcionando oportunidades e apoio à reflexão sobre o contexto e o processo de aprendizagem (Savery & Duff, 1996, in Zwaal & Otting, 2007, p. 256). A mudança para uma conceção construtivista da educação alterou o conceito de como os conhecimentos são adquiridos pelos estudantes no local de trabalho. A aprendizagem de "factos" deixou de estar centrada na aprendizagem de "competências". As competências são definidas como "conhecimentos, aptidões e afectos" (Zwaal & Otting, p. 257). Com a aprendizagem em contexto, surgiram novos conceitos de aprendizagem, tais como aprender a aprender, a resolução de problemas e o desenvolvimento da liderança. Na perspetiva construtivista, os estudantes devem encarar a sua aprendizagem como um processo social, bem como um processo de enculturação numa comunidade de profissionais (Zwaal & Otting, p. 258).

A construção social de um indivíduo recém-chegado a uma empresa é frequentemente realizada a nível organizacional durante o processo de orientação e formação. A socialização organizacional é um processo de adaptação, ou "aprender as cordas", tornando-se um membro da organização. Foi definido como "o processo pelo qual os recém-chegados compreendem e apreciam os valores, as capacidades, o comportamento esperado e o conhecimento social essencial para assumir um objetivo organizacional e para participar como membro da organização" (Young & Lundberg, 1996, p. 26). Os processos formais, como a orientação e a formação, e os processos informais, como as conversas e as observações, ajudam o recém-chegado a aprender o que é a organização e o que se espera dele.

A orientação e a formação são formas do processo formal de socialização organizacional. As organizações utilizam cada vez mais a formação como um processo de socialização, que pode ser utilizado para influenciar o comportamento e a atitude dos recém-chegados em relação à organização

(Young & Lundberg, p. 28). Os processos de formação e orientação podem não ser suficientes, no entanto, para beneficiar o recém-chegado ao processo de socialização. As relações e interações, tanto formais como informais, podem ser de grande utilidade para ajudar a nova pessoa a ajustar-se e a assimilar-se ao processo social que existe nas organizações.

O conceito de "Aprendizagem Situada" de Lave e Wagner (1991) fornece uma discussão mais aprofundada sobre o valor da aprendizagem e do processo social. Os recém-chegados a uma comunidade tornam-se membros através de uma "participação periférica legítima", em que o domínio das competências e dos conhecimentos e a participação nas práticas relacionadas com a "comunidade", neste caso o sector da hotelaria, proporcionam uma adesão plena à "comunidade".

O termo "aprendizagem informal" tem sido utilizado na educação de adultos há já algum tempo. Contrasta com a aprendizagem formal e tem sido cada vez mais utilizado na educação de adultos por várias razões (Eraut, 2004, p. 247). Em primeiro lugar, a aprendizagem informal implica uma maior flexibilidade para o aprendente, o que contrasta com muitos ambientes de aprendizagem formal. Em segundo lugar, o processo de aprendizagem informal considera a socialização envolvida na aprendizagem com os outros nas actividades e eventos que têm lugar numa grande variedade de contextos. Em terceiro lugar, o conhecimento informal é também o conhecimento adquirido através da experiência, tanto pessoal como de trabalho estruturado (Eraut, p. 248).

Eraut (2004) sugere que a "aprendizagem implícita" é uma caraterística do conhecimento informal. Reber (1993) expande a definição de Eraut como "a aquisição de conhecimento independentemente das tentativas conscientes de aprender e na ausência de conhecimento explícito sobre o que foi aprendido" (Eraut, p. 250). Eraut argumenta que a maior parte da aprendizagem a partir da experiência tem alguns aspectos de aprendizagem implícita e que a consciência da aprendizagem explícita não significa que a aprendizagem implícita não esteja também a ocorrer. Eraut identifica dois tipos adicionais de aprendizagem informal. Um é a aprendizagem reactiva, que é uma aprendizagem reflexiva - anotar factos, fazer perguntas, observar os efeitos da ação e reconhecer futuras oportunidades de aprendizagem. O segundo é a aprendizagem deliberativa, em que há objectivos de aprendizagem definitivos e envolvimento na tomada de decisões, resolução de problemas e ensaio para eventos futuros (Eraut, p. 250).

Peter Drucker (1968) afirmou que "atualmente, o centro [da produtividade da nossa sociedade] é o trabalhador do conhecimento, o homem ou a mulher que aplica ideias, conceitos e informações ao trabalho produtivo" (p. 264). Nonaka (1991) identifica dois tipos semelhantes de conhecimento que os indivíduos adquirem através da criação de novos conhecimentos e tornando-se "trabalhadores do conhecimento" (p. 97). O primeiro é o conhecimento explícito, que é um conhecimento formal ou sistemático, e pode ser específico de um produto. Pode ser semelhante a competências ou capacidades. O segundo é o conhecimento tácito, que é parte do conhecimento técnico com uma importante dimensão cognitiva. O conhecimento tácito é altamente pessoal e é adquirido através da perspetiva, das percepções e dos conhecimentos de um indivíduo, tanto informais como formais, adquiridos através da experiência (p. 99). O conhecimento pessoal pode ser transformado em conhecimento organizacional, que tem o potencial de "espiralar" por toda a organização.

Quando o conhecimento pessoal de um indivíduo se torna disponível para os outros, a atividade de criação de conhecimento pode prosperar.

A chave final para a criação de conhecimento é o processo de criação de um modelo real. No modelo, "as contradições são resolvidas e os conceitos tornam-se transferíveis através de uma lógica consistente e sistemática" (Nonaka, p. 101). O estágio é uma componente fundamental da experiência de aprendizagem dos estudantes de gestão hoteleira, que é o processo de "modelação" dos conhecimentos e conceitos que adquiriram através dos cursos. A aprendizagem experimental, particularmente sob a forma de um estágio, é um elo importante que permite ao estagiário cristalizar o conhecimento adquirido e converter o conhecimento tácito em conhecimento explícito.

Aprendizagem individual

A aprendizagem individual pode ser analisada sob duas perspectivas - o conhecimento cultural ou social e o conhecimento pessoal ou individual. A perspetiva social chama a atenção para a construção social do conhecimento e para o vasto leque de práticas e actividades que utilizam a aprendizagem. A perspetiva pessoal da aprendizagem centra-se na exploração individual do pensamento, da interação, do desempenho e da interpretação do que foi aprendido (Eraut, p. 263).

A aprendizagem individual pode ser considerada o primeiro nível de aprendizagem e a base para a aprendizagem colectiva que ocorre nas equipas e organizações. De acordo com Gill (2010), "a aprendizagem a nível individual nas organizações ocorre quando uma pessoa adquire novos conhecimentos, competências, atitudes e crenças que alteram a forma como a pessoa percepciona o mundo, compreende a informação e actua no trabalho" (Gill, p. 53). Quando se trata de aprender uma prática aplicada num contexto organizacional formal, os dois pontos de receção para o sistema de aprendizagem do indivíduo parecem ser o conhecimento e a experiência (Tesone, p. 364).

Moore (2007) define o conhecimento como a "capacidade de agir eficazmente no mundo em relação a um objetivo situado, de reconhecer, compreender, dar sentido e fazer" (p. 183). O conhecimento pode assumir várias formas, como factos, explicações e competências. No entanto, o "conhecimento em uso", ou conhecimento prático, é o conhecimento e a aprendizagem, que é o que um indivíduo sabe através da experiência de trabalho. O conhecimento pode ser visto como um processo ou atividade, e não como um produto, pelo que a atividade pode ter impacto ou alterar o conhecimento adquirido. À medida que os indivíduos processam novos conhecimentos, pode ocorrer uma transformação, tanto a nível pessoal como no contexto de trabalho dos indivíduos.

A aprendizagem combina quatro elementos básicos: as experiências que temos, a oportunidade de praticar e incorporar essas experiências na nossa memória de longo prazo, as conversas e a interação que temos com os outros e a reflexão; aprendemos através do que fazemos, do que vemos e do que ouvimos (Jennings & Wargnier, 2010, p. 14).

Através da aprendizagem individual, podem ser desenvolvidos três tipos de capacidades: competências técnicas, competências relacionais e aprender a aprender. Os métodos de aprendizagem individual devem ser adequados aos objectivos de aprendizagem e adaptados ao formando. Existem várias ferramentas que podem ser utilizadas pelo aprendente individual para criar e atingir objectivos de aprendizagem pessoais e organizacionais. As ferramentas incluem planos de aprendizagem personalizados, autorreflexão, diários, rotação de funções, coaching e mentoring, e formação no local de trabalho (Gill, 2010). Vários factores significativos podem também afetar o esforço de aprendizagem. O desafio e o valor do trabalho envolvido, a confiança e o empenhamento do indivíduo, bem como o feedback e o apoio recebido dos colegas e superiores podem ter impacto na qualidade da retenção de conhecimentos (Eraut, p. 269).

A formação estruturada no local de trabalho (OTJ) é uma forma de aprendizagem individual e é o processo planeado de desenvolvimento de competências ao nível da tarefa, através da formação de pessoal experiente em pessoal novato no local de trabalho real ou próximo deste (Jacobs & Jones, 1995). As etapas do processo de OTJ diferem entre sectores e organizações, mas a maioria segue etapas semelhantes de preparação do formando, apresentação da formação, receção de uma resposta do formando e feedback e avaliação do desempenho por parte do formador. De acordo com Gill (2010), se uma organização negligenciar o processo de OTJ, estará a "perder uma oportunidade privilegiada de facilitar a aprendizagem do pessoal e estará a deixar ao acaso o desenvolvimento de conhecimentos, competências e atitudes, e que são as pessoas que ajudarão a organização a atingir o seu potencial" (p. 71).

Eraut (2004) sugere que a aquisição de conhecimentos profissionais, de gestão e técnicos é complexa e envolve a utilização simultânea de diferentes tipos de conhecimentos e competências, que têm de ser aprendidos de forma holística. Embora um desempenho possa ser dividido em fases sucessivas, cada fase requer vários tipos diferentes de conhecimentos e competências, cuja importância varia de uma situação para outra (p. 257). A aprendizagem através de uma experiência de trabalho, tanto formal como informal, pode proporcionar aos indivíduos uma aprendizagem integrada no trabalho. Atualmente, muitas organizações vêem o valor de compreender melhor o processo de socialização dos novos empregados e o papel que a aprendizagem individual desempenha na aquisição de conhecimentos e competências valiosos.

Aprendizagem experimental

"A aprendizagem experimental existe quando um participante pessoalmente responsável processa cognitiva, afectiva e comportamentalmente conhecimentos, competências e/ou atitudes numa situação de aprendizagem caracterizada por um elevado nível de envolvimento ativo" (Hoover & Whitehead, 1975, p. 25). A aprendizagem experimental é "participativa" e o estudante deve estar envolvido no processo. A aprendizagem experimental é ativa e não passiva (Gentry, 1990, p.13). O processo de aprendizagem experiencial baseia-se no conceito de educação experiencial, que é o processo do professor para o aluno e, no caso deste estudo, do empregador para o estagiário, que infunde a experiência direta no processo de aprendizagem.

Os programas de aprendizagem experiencial remontam a 1906, quando Herman Schneider, Reitor de Engenharia da Universidade de Cincinnati, iniciou um programa de aprendizagem experiencial, designado por educação cooperativa, para proporcionar experiência baseada no trabalho aos estudantes de engenharia (Ryder, 1987, in Lee & Dickson, 2010). O interesse em adicionar uma componente de aprendizagem experimental aos currículos académicos ganhou adeptos depois de a Universidade de Wisconsin-Stout ter recebido o Malcolm Baldridge National Quality Award, atribuindo o seu sucesso ao facto de todos os estudantes que se formaram terem participado na aprendizagem experimental (Furst-Bowe & Wentz, 2006).

O conceito de educação para o trabalho (Simon, Dippo, e Schenke, 1991) está intimamente relacionado com as políticas que ligam as escolas à economia. O currículo de ensino tem estado frequentemente ligado à economia empresarial e, neste caso, a indústria hoteleira procura estudantes com competências empresariais industriais a partir do ensino integrado no trabalho. Koppel (1976) sublinhou a importância de uma relação mais estreita entre o meio académico e a indústria, como a implementação da experiência no terreno nos programas de gestão da hotelaria. Para manter uma vantagem competitiva, as organizações terão de identificar as competências, os conhecimentos e as aptidões necessárias para prosperar e crescer. Em Simon, Dippo & Schenke, o valor de mercado do conhecimento é explorado e que conhecimento específico é mais valorizado.

A aprendizagem é também o processo de conhecimento criado através da transformação da experiência. De acordo com Kolb (1984, p. 41), "o conhecimento resulta da combinação da apreensão da experiência e da sua transformação". O Modelo de Aprendizagem Experiencial de Kolb propõe que a aprendizagem experiencial tenha seis caraterísticas principais. As caraterísticas incluem a aprendizagem como um processo contínuo baseado na experiência, a aprendizagem como um processo holístico de adaptação ao mundo, a aprendizagem como um processo de criação de conhecimento que é o resultado da transação entre o conhecimento social e o conhecimento pessoal (Kolb, 184, p. 41). Kolb identificou a experiência concreta - aprender com experiências específicas e relacionar-se com pessoas - como uma componente importante no continuum da aprendizagem experiencial. Pegar em experiências exteriores e integrá-las na sala de aula cria uma dinâmica conhecida como aprendizagem contínua (Kuh, 1994, 1996). Isto implica a incorporação das experiências do aluno fora da sala de aula no ambiente académico. A aprendizagem contínua proporciona ao estudante uma experiência de aprendizagem mais completa.

Jennings e Wargnier (2010) identificaram investigação que considera o valor da aprendizagem experimental. A abordagem baseia-se na investigação que produziu o modelo 70:20:10, que demonstra que 70 por cento da aprendizagem resulta da experiência. Um total de 20% é adquirido através de outras pessoas e apenas 10% é o resultado de cursos e programas estruturados. Por conseguinte, a aprendizagem através da experiência representa 90 por cento da aprendizagem global (p. 16).

A aprendizagem experimental é um dos aspectos mais importantes do currículo do programa de hotelaria (Fu, 1999). Os estudantes de gestão hoteleira consideram a aprendizagem experiencial como a forma mais eficaz de conhecer a realidade dos cargos que estão a considerar para a sua futura carreira (Scott, 1992). Estes objectivos podem ser alcançados pelo estudante numa situação de aprendizagem experimental através de vários métodos. Um dos métodos é a familiarização prática com um ambiente profissional, que engloba os requisitos do trabalho, permitindo-lhe relacionar e ajustar a sua experiência académica às exigências da prática (Tobias, 1996, p. 142).

Para muitos estudantes de gestão hoteleira, a aquisição de uma carreira satisfatória é o principal objetivo para a obtenção de um diploma universitário (Mau & Fernandes, 2001). Os educadores de hotelaria estão conscientes deste facto, pelo que o objetivo da educação em hotelaria é produzir indivíduos que possam pensar, liderar e resolver problemas (p. 581). Wilson (1970) concluiu que "a natureza da educação cooperativa é uma educação em que as experiências de aprendizagem foram cuidadosamente planeadas à luz dos objectivos educacionais a serem alcançados" (p. 4). Canjar (1987) afirmou que era óbvio que a educação cooperativa melhora o programa académico. Morgan (2004) sugere que, independentemente do nível de conhecimentos adquiridos pelo estudante no seu ambiente de aprendizagem experimental, a colocação terá impacto na sua experiência na sala de aula. Se a educação é um processo de mudança de comportamento através da experiência, então as oportunidades de aprendizagem experimental nos programas de gestão hoteleira são uma componente do processo que ajuda os alunos a adquirir as competências para uma carreira satisfatória. Raymond e McNabb (1993) descobriram que os estágios e projectos proporcionam uma experiência do mundo real e, combinados com as competências académicas aprendidas na sala de aula, ajudam a proporcionar aos alunos, após a graduação, uma vantagem competitiva no local de trabalho (p. 2).

Estágios como aprendizagem experimental

A aprendizagem pode assumir muitas formas, e um estágio é uma forma de aprendizagem ativa (Solnet, Kralj, Kay & DeVeau, 2009). Embora não exista um modelo de estágio perfeito, um estágio deve ser altamente estruturado e fornecer um formato que proporcione um quadro para atingir os objectivos. Os objectivos de um estágio devem responder às necessidades das principais partes interessadas e tentar promover os benefícios da prática de estágio para todos os envolvidos (Zopiatis & Constanti, 2012, p. 44). Os estudantes e os empregadores exigem cada vez mais formas mais eficazes de acelerar a preparação profissional e reduzir a incerteza no processo de contratação. Um programa de estágio eficaz pode ajudar os estudantes e os empregadores a garantir uma oportunidade para maximizar o seu retorno (Tobias, p. 4). Há uma série de estudos que exploraram o valor da experiência de estágio para os estudantes. Surgiram cinco categorias principais que enquadram a forma como os estudantes valorizam a experiência: a experiência de aprendizagem real, os benefícios académicos, os benefícios financeiros, os benefícios da carreira e o benefício da auto-realização (Zopiatis & Constanti, p. 44).

De acordo com o Inquérito de 2010 da Associação Nacional de Colégios e Empregadores (NACE) sobre Estágios de Empregadores, 83,4% dos empregadores inquiridos afirmaram que os programas de estágio ajudam a organização a recrutar licenciados de nível básico (Associação Nacional de Colégios e Empregadores, (2010, abril). Internship Programs Feed Full-Time Hiring, recuperado em 14 de agosto de 2011 de http:// www.naceweb.org). O inquérito também encontrou uma correlação entre a participação num estágio e a permanência no emprego. Da mesma forma, o inquérito aos estudantes NACE 2010 concluiu que os recém-licenciados que participaram num estágio tinham mais probabilidades de receber uma oferta de emprego do que os seus pares que não participaram num estágio.

Num inquérito aos membros do Council of Logistic Management (Knemeyer & Murphy, 2001), pouco mais de 90% dos inquiridos concordaram que um estágio deve melhorar a colocação do estudante e 84,9% referiram que os estágios devem ajudar as organizações a recrutar a tempo inteiro. Num inquérito a recrutadores da Fortune 500, Barr e McNeilly (2002) descobriram que cerca de 40% dos recrutadores referiram que certos factores que fazem parte do estágio, incluindo a experiência de liderança e o trabalho em equipa, não podem ser ensinados na sala de aula... as caraterísticas são aprendidas através da participação em actividades e experiências relacionadas com o trabalho (Cook, Parker e Pettijohn, 2004, p. 180). Cannon e Arnold (1998) descobriram que os estudantes estão a utilizar os programas de estágio como uma forma de ganhar vantagem competitiva no processo de recrutamento.

A maioria dos programas de gestão hoteleira tem enfatizado a importância da aprendizagem experimental através de oportunidades de estágio (Lam & Ching, 2006). Este tipo de aprendizagem integrada no trabalho proporciona aos participantes a capacidade de desenvolver competências específicas, atitudes e aptidões transferíveis. Do mesmo modo, os alunos activos, que gravitam em torno da experimentação ativa, aprendem materiais através de "pegar na informação e fazer algo com ela na vida real - discutindo, explicando e testando-a" (Lee & Kamp, 2005, p. 28). A pedra angular do desenvolvimento de um estágio pedagogicamente sólido e eficaz é o facto de se basear num compromisso triangular de todas as partes interessadas envolvidas: o estudante, a organização hoteleira e a instituição de ensino (Zopiatis & Constanti, p. 50). Através de estudos e da experiência, os estudantes, os profissionais da indústria e os professores universitários descobriram que beneficiam da experiência de estágio.

Do ponto de vista do estudante, um estágio proporciona uma experiência de aprendizagem valiosa e melhores oportunidades de emprego (Cook, Parker & Pettijohn, 2004, p. 181). O estágio proporciona aos estudantes a oportunidade de trabalhar com profissionais do sector e observar em primeira mão os processos envolvidos no seu futuro emprego. Os licenciados estão cada vez mais conscientes de que um estágio pode aumentar a sua capacidade de obter o emprego que desejam no sector. Gault, Redington e Schlager (2000) concluíram que: os estudantes de gestão que participaram em estágios conseguiram encontrar emprego mais rapidamente do que os que não participaram; os estágios resultaram em salários iniciais mais elevados e na satisfação com o emprego, ao mesmo tempo que proporcionaram às empresas perspectivas mais qualificadas e melhores relações com a universidade patrocinadora.

Os estágios também parecem ajudar os estudantes a relacionar a sua experiência na sala de aula com a experiência profissional. Ju (1997) refere que os programas de estágio proporcionam aos estudantes a oportunidade de testarem as suas opções de carreira enquanto ainda estão na faculdade. Um estágio bem estruturado pode proporcionar uma experiência positiva para o participante e aumentar a probabilidade de o aluno considerar fortemente a carreira. O currículo de hotelaria deve estabelecer uma ligação com a prática de estágio para minimizar o fosso entre o ensino da hotelaria e a prática da indústria hoteleira (Zopiatis & Constanti, p. 49).

O sector também beneficia da experiência de estágio. O empregador que participou no estágio descobre normalmente que os estágios proporcionam uma boa fonte de informação atual, trabalhadores com conhecimentos e exposição às competências de potenciais empregados (Cook, Parker & Pettijohn, p. 181). Raymond e McNabb (1993) descobriram que o método mais eficaz para ajudar os estudantes a obter as competências que as empresas consideram mais importantes eram os estágios, juntamente com outros projectos, casos e simulações. Os estágios também beneficiam as organizações participantes, pois proporcionam uma alavanca de recrutamento e valorizam o trabalho do estudante participante. Um benefício a longo prazo do estágio para o empregador do sector é a oportunidade de ser visto como um empregador socialmente responsável. A responsabilidade social reforça o compromisso e a contribuição da indústria e da organização participante para a comunidade (Thiel & Hartley, 1997). Existe também a oportunidade de transferência de conhecimentos, através da qual o estudante, ao regressar ao ambiente académico após a conclusão da experiência de aprendizagem experimental, pode aplicar melhor os seus novos conhecimentos para aumentar a eficiência da aprendizagem (Tobias, p. 158).

Embora os estágios tenham sido eficazes para os estudantes, empregadores e instituições de ensino, os programas de estágio têm os seus desafios. Hite e Bellizzi (1986) sugerem que, se os estágios não forem cuidadosamente planeados, podem resultar numa experiência dececionante para o estudante (p. 181). Três áreas que podem ser responsáveis por uma experiência dececionante são padrões pouco claros, incompreensão por parte do estudante relativamente aos méritos do trabalho e deturpação da organização relativamente aos deveres exigidos pelo estagiário (Hite & Bellini, p. 182).

A melhor aprendizagem é na primeira pessoa, no tempo presente, experimental (Crosbie, 2005, p.

50). Um estágio é um mecanismo de aplicação na vida real das competências que são importantes para o sector da hotelaria em particular. A aprendizagem experimental, ou estágios, pode envolver os alunos a nível emocional e cognitivo, formando uma aprendizagem mais profunda e duradoura (Hawley, 2005; Kolb, 1984). Perry (1989) descobriu que os profissionais de negócios, em particular, pensam que os estágios são uma parte fundamental da experiência académica porque fazem os estudantes pensar (p.1). Alguns dos objectivos que devem ser alcançados pelos participantes durante o estágio incluem o desenvolvimento de conhecimentos conceptuais, competências de gestão, competências de comunicação e competências de desenvolvimento de carreira (Barrows & Bosselman, 1999). A experiência adquirida nos estágios pode melhorar a capacidade dos estudantes para trabalharem em equipa, inovarem e assumirem riscos (Raymond & McNabb, p. 4), bem como para adquirirem competências pessoais e interpessoais associadas à liderança (Crosbie, p. 50). A aprendizagem de competências através da experiência de estágio é um complemento valioso à formação formal obtida no processo de aprendizagem experimental.

Estágios e desenvolvimento de liderança

O desenvolvimento da liderança é um negócio de vários biliões de dólares nos Estados Unidos (Fulmer & Vicere, 1996). A execução de programas de desenvolvimento da liderança pode ser dispendiosa, mas muitos diretores executivos e líderes empresariais consideram-nos valiosos. De acordo com Geoff Colvin, "as empresas que não levavam a sério o desenvolvimento da liderança estão a levar a sério. Entre as muitas forças poderosas que levam as empresas a desenvolver líderes de forma mais eficaz, a mais importante é a mudança a longo prazo da economia mundial da dependência do capital financeiro para o capital humano" (Fortune Magazine (2007, 20 de setembro). How Top Companies Breed Stars, recuperado em 30 de junho de 2012 de http:// www. cnnmoney.com). Um dos maiores investimentos das empresas no desenvolvimento de futuros líderes não é apenas em dinheiro, mas também em tempo. Os executivos e gestores de topo das organizações estão a investir tempo no desenvolvimento de indivíduos e na liderança pelo exemplo, coaching e mentoring. Uma das maiores mudanças na maioria das empresas é a prática de identificar precocemente os líderes. De acordo com John Rice, da General Electric Company, "começamos a avaliar a capacidade de liderança no primeiro dia de trabalho. Muitos empregados estagiaram na GE durante pelo menos um verão, o que permite à empresa observar a forma como os estagiários conseguem que os outros trabalhem com eles quando não têm qualquer autoridade".

Ao longo dos anos, a indústria hoteleira apercebeu-se de uma necessidade crescente de um "estilo de liderança" nos gestores em vez de um "estilo de controlo", com ênfase nas competências estratégicas e empresariais em vez das competências operacionais e técnicas (Umbriet, 1993; Raybould & Wilkins, 2006). Para compreenderem o estilo de liderança, devem primeiro explorar a forma como um líder é desenvolvido. Então, como é que aprendem as aptidões e competências de uma liderança eficaz? A sabedoria convencional vê a liderança como uma coisa boa de que precisamos mais, pelo menos do tipo correto. No entanto, existe confusão e desacordo sobre o significado de liderança e a diferença que pode fazer (Bolman & Deal, 2008, p.342).

Nasr (2004) sugeriu que as competências de liderança são adquiridas através da aprendizagem experimental e que esta beneficia os estudantes de uma forma tangível. A aprendizagem experimental "tem o potencial de produzir um estudante com uma maior aptidão para obter as competências transversais, ou competências de liderança, que os empregadores no mercado atual tanto procuram" (Lee, 2008, p. 13). A formação em competências transversais representa uma grande percentagem dos dólares gastos em formação nas organizações e é o foco da maior parte do desenvolvimento da liderança (Crosbie, 2005, p. 45). Tas (1988) defendeu a inclusão de um estágio estruturado nos programas de licenciatura para proporcionar experiências do mundo real e adquirir competências transversais, tais como competências de comunicação, gestão das relações humanas, criação de um ambiente de trabalho positivo e iniciativa. Tas realizou um inquérito para identificar as competências mais importantes para os estagiários de gestão geral de hotéis. Dos 75 inquiridos, foram identificadas e classificadas 36 competências consideradas essenciais a importantes para os gestores de hotelaria. Tas sugeriu que o estágio em hotelaria tem o potencial de satisfazer a maioria das competências que um estagiário de gestão deve adquirir e que um estágio estruturado facilitaria muito o processo de desenvolvimento das competências primárias (p. 43). Existem estudos que identificaram outras áreas que devem ser incluídas na experiência de estágio: liderança e formação de competências, marketing de serviços, gestão da qualidade total, análise financeira e competências de comunicação (Getty et al., 1991; Umbriet, 1992). Tesone (2004) propõe um modelo de liderança de cérebro inteiro para descrever o processo de aprendizagem que pode ser aplicado ao desenvolvimento de competências de liderança (p. 363). Tesone liga a liderança e a teoria da aprendizagem e concebe um modelo para os estagiários de gestão hoteleira desenvolverem as competências identificadas por Crosbie e para apoiar o valor do estágio na aquisição dessas competências, tal como referido por Tas. O modelo identifica o conhecimento e a experiência como os dois pontos de receção de um sistema de aprendizagem individual. O conhecimento é definido como a informação adquirida cognitivamente pelo indivíduo e a experiência é a representação visceral que o indivíduo faz de um acontecimento ou de acontecimentos relacionados (Tesone, p. 364). O modelo prevê um "ciclo de aprendizagem experiencial" que cria uma interdependência entre o conhecimento, a experiência e a reflexão. O processo destina-se a que o indivíduo melhore as suas capacidades de liderança através da fusão do conhecimento adquirido através do processo de aprendizagem e da experiência adquirida através da formação prática. O conhecimento e a experiência, combinados com a contemplação dos processos utilizados para adquirir competências de liderança, completam o ciclo de aprendizagem experimental (Tesone, p. 367). A experiência permite um tempo de formação mais rápido para um indivíduo e aumenta a capacidade de uma pessoa responder "intuitivamente" a uma situação, o que é um benefício do ciclo de aprendizagem experimental. Arendt e Gregoire (2008) realizaram um estudo sobre estudantes de gestão hoteleira que sugere a existência de uma relação positiva entre as competências e práticas de liderança e os estudantes que reflectem sobre o seu próprio comportamento e acções. A capacidade de refletir sobre as próprias acções e de alterar as acções com base na reflexão pode ser uma ferramenta valiosa para o desenvolvimento da liderança.

Lee (2008) também sugere que os estudantes que participaram na aprendizagem experimental adquiriram competências de liderança valiosas que melhoraram as competências de gestão financeira, a capacidade de ver as expectativas de carreira de forma mais realista, uma maior capacidade de iniciativa, melhores competências de liderança, uma maior capacidade de adaptação à mudança e um maior conhecimento do sector da hotelaria.

As competências de liderança podem ser desenvolvidas de várias formas e em ambientes variados. A formação formal, as actividades de desenvolvimento e as actividades de autoajuda são abordagens ao desenvolvimento das competências de liderança (Yukl, p 459). As actividades formais de formação e desenvolvimento são frequentemente utilizadas nas organizações para o desenvolvimento da liderança. Os programas formais de formação em liderança podem assumir várias formas, desde workshops de um dia até um ano ou mais de uma vasta gama de competências, e são frequentemente concebidos com base numa teoria de liderança específica, como a teoria da liderança situacional (Yukl, p. 460). Para além da conceção da formação com base numa teoria de liderança, existem métodos específicos que são ideais para o desenvolvimento de competências de liderança individuais.

Aprender com a experiência é um método valioso que está a ser utilizado por grandes e pequenas organizações. Muitas das competências essenciais para uma liderança eficaz são aprendidas com a experiência e não com programas de formação formal (Davies & Easterby-Smith, 1984; Kelleher, Firestone, & Lowy, 1986; Lindsey, Homes, & McCall, 1987; McCall, Lombardo & Morrison, 1988). O tipo de experiência que se proporciona a um indivíduo pode ter um grande impacto na eficácia do desenvolvimento da liderança. As competências de liderança adquiridas através da experiência podem ser afectadas por vários factores. Um deles é a quantidade e a dificuldade dos desafios com que o indivíduo se depara durante a experiência. O segundo é a diversidade e a variedade das tarefas envolvidas e o terceiro é o nível de feedback exato que o indivíduo recebe durante a experiência de aprendizagem (Yukl, 2010).

Existem outros factores que podem afetar o processo de desenvolvimento da liderança. O feedback dos colegas e dos líderes seniores, a assimilação e inclusão no grupo de trabalho, as expectativas de desempenho e a criação de um ambiente que apoie a aprendizagem informal são factores que podem afetar o processo de aprendizagem experimental dos indivíduos.

Modelos de competências de liderança

Um modelo é simplesmente uma apresentação do mundo real. Os modelos ajudam-nos a simplificar a complexidade e são ferramentas para tornar as coisas visíveis (Gill, p. 173). Eraut (2004) afirma que "a competência na América do Norte e na gestão é uma definição centrada no indivíduo e refere-se a um atributo ou qualidade pessoal, enquanto noutros locais tem uma definição centrada no social e refere-se à satisfação de expectativas sociais" (p. 264). Um modelo de competências é uma "ferramenta descritiva que identifica os conhecimentos, aptidões, capacidades e comportamentos necessários para um desempenho eficaz numa organização" (Chung-Herrera, Enz & Lankau, p. 17). O foco dos modelos de competência é o comportamento do indivíduo e não a personalidade, que pode ser mais difícil de medir. Os modelos de competências têm sido historicamente utilizados pelos departamentos de recursos humanos para estabelecer critérios para uma vasta gama de sistemas de pessoal. Os modelos de competências são utilizados pelas organizações para ajudar a identificar o comportamento necessário para um desempenho eficaz e bem sucedido e constituem uma linguagem comum para discutir as capacidades e o desempenho. A identificação das competências relevantes para os profissionais do sector pode ajudar a desenvolver futuros líderes. O processo também ajuda a combater os desafios no recrutamento e seleção, formação e desenvolvimento de carreira, e gestão da mudança numa organização (Chung-Herrera, et al, p. 17).

Competências de educação e liderança no sector da hotelaria e restauração

Para facilitar o processo de identificação de competências de liderança importantes, os gestores e líderes do sector hoteleiro começaram a utilizar modelos de competências como uma ferramenta para identificar os conhecimentos, as competências e as capacidades cruciais (KSA) de que os líderes hoteleiros necessitam para serem bem sucedidos. Os primeiros estudos sobre as KSA importantes para os gestores de alojamento sugerem que a liderança e as competências interpessoais foram as competências mais reconhecidas pelos profissionais do sector (Kay & Moncarz, 2004). Ao longo dos anos, o consenso entre os profissionais da hotelaria foi que as competências relacionadas com os recursos humanos eram consideradas as mais importantes. Kay e Moncarz identificaram quatro domínios KSA mais importantes para o sucesso da gestão hoteleira, e cada domínio tem competências e capacidades específicas que fazem parte do desenvolvimento da gestão e da liderança.

O domínio da gestão de recursos humanos inclui as seguintes áreas de desenvolvimento: Ser um líder, motivar os empregados, desenvolver relações humanas positivas, formar equipas, ter conhecimentos em garantia de qualidade e gerir as queixas dos empregados. O domínio das tecnologias da informação inclui as seguintes áreas de desenvolvimento: utilizar o correio eletrónico, utilizar recursos e pesquisas na Internet, ter conhecimentos sobre sistemas de gestão de propriedades, sistemas de reservas e software de aplicação operacional. As áreas de desenvolvimento do domínio da gestão financeira incluem o controlo dos custos, o planeamento e a orçamentação, o conhecimento de análises operacionais e a gestão do fluxo de caixa. O último domínio, o marketing, inclui áreas de desenvolvimento como o cumprimento da visão e da missão da organização, a realização de negócios, a obtenção de resultados mensuráveis e a utilização de técnicas de venda.

Foi desenvolvido um modelo de competências baseado na liderança, específico para o sector do alojamento, com o objetivo de fornecer ao sector um modelo de competências funcional. O modelo foi concebido para ser utilizado pelas organizações no desenvolvimento da liderança, na compreensão das competências individuais para a progressão na carreira, na conceção de currículos de gestão hoteleira e para os estudantes criarem percursos profissionais (Chung-Herrera, et al, p. 18).

Foi desenvolvido um modelo de competências orientado para o futuro, tendo em mente o sector do alojamento. O modelo é um modelo de competências baseado no comportamento que identifica as dimensões mais importantes do comportamento de um líder. As competências foram identificadas através do feedback dos líderes do sector da hotelaria e restauração. O feedback resultou na identificação de oito competências "abrangentes" - comunicação, pensamento crítico, implementação, conhecimento do sector, competências interpessoais, liderança, autogestão e posicionamento estratégico - que são desejadas pelo sector do alojamento. A liderança, especificamente, tinha seis competências específicas que se alinhavam com as competências de liderança desejadas em vários sectores. As seis competências de liderança são: desenvolver os outros, aceitar a mudança, coragem, promover a motivação, versatilidade da liderança e orientação para o trabalho em equipa (Chung-Herrera, et al., p. 21). Sandwith (1993) apresentou uma investigação sobre os domínios de competência da gestão geral, que se baseou no trabalho de Katz (1955), que tinha identificado três competências fundamentais essenciais para qualquer gestor: técnica, humana e concetual. Tas (1998) identificou seis competências essenciais que estavam principalmente relacionadas com as competências em matéria de recursos humanos. As competências essenciais para os trabalhadores de nível inicial do sector alimentar e das bebidas, que são essenciais para todos os grupos de interessados, são os recursos humanos, a liderança e a comunicação (Okeiyi et al, 1994). Surgiram opiniões divergentes sobre quais as competências essenciais para o sucesso do profissional do sector da hotelaria e restauração. No entanto, Sandwith sugeriu que as mudanças no ambiente empresarial ao longo dos anos levaram a uma necessidade de competências mais amplas associadas à liderança, tais como interpessoais, financeiras e técnicas, em vez de simplesmente controlar e dirigir.

Em 2000, Kay e Russette publicaram um estudo para determinar as competências essenciais necessárias aos gestores de alojamento bem sucedidos. A população do estudo era constituída por um grupo de gestores de várias áreas funcionais com uma vasta gama de controlo.

O estudo concluiu que as competências essenciais necessárias para o sucesso dos gestores hoteleiros se enquadram em cinco categorias de competências. As cinco categorias são a liderança: interpessoal, concetual, criativa, administrativa e técnica. Os inquiridos no estudo classificaram as competências que se enquadram no domínio da liderança como representando as competências designadas como competências essenciais (CE), com as competências interpessoais e técnicas em segundo e terceiro lugar, respetivamente, e as competências conceptuais-criativas e administrativas em quarto e quinto lugar (Kay & Russette, 2000, p. 61). O estudo efectuado por Kay e Russette em 2000 apoia vários dos primeiros estudos sobre as competências essenciais necessárias aos gestores e líderes.

Identificar as competências essenciais de liderança que devem ser alcançadas pelos estagiários é uma tarefa contínua dos líderes da indústria e dos profissionais académicos. As instituições de ensino e as organizações hoteleiras que oferecem estágios têm a responsabilidade de assegurar que os estágios proporcionam aos estudantes a experiência que irá melhorar os seus conhecimentos, competências e capacidades profissionais (Zopiatis, 2007).

Perceção das partes interessadas

A passagem de uma "orientação para a aprendizagem" para uma "orientação para o ensino" constituiu uma mudança significativa na abordagem da educação (Chonko, 1993). Esta mudança envolve a atenção aos estilos de aprendizagem e aos métodos de aprendizagem experimental para melhorar os resultados da aprendizagem (Duke e Reese, 1995; Roach, Johnston e Hair, 1993). Uma abordagem para avaliar e medir os resultados da aprendizagem individual consiste em identificar a perceção dos intervenientes. As percepções da consecução dos resultados da aprendizagem podem sugerir até que ponto o programa de aprendizagem está a desenvolver o estudante (Duke, et. al). A utilização da perceção do estudante é uma avaliação crítica das partes interessadas. As perspectivas dos estudantes podem estar menos desenvolvidas devido à sua exposição limitada ao ambiente de trabalho, mas as suas percepções são importantes para o processo de avaliação dos resultados da aprendizagem e para aumentar a sua confiança no desenvolvimento de competências (Duke, 2002, p. 215).

Um estudo de caso recente que
examinou a perceção das atitudes dos estagiários em relação a um programa de estágio, concluiu que os estagiários do estudo concordavam que a experiência lhes tinha dado mais confiança para encontrar um emprego após a conclusão do curso (Cook, et. al, p. 182). Jeonguen Ju (1997) estudou as percepções e os níveis de satisfação geral da eficácia dos estágios em gestão hoteleira. O estudo mostrou que a experiência de trabalho anterior era o fator mais comum que influenciava a perceção dos estudantes sobre a sua experiência de estágio. Nelson (1994) efectuou um estudo que revelou que os estudantes estavam mais satisfeitos com os estágios que proporcionavam trabalho relevante, alguma autonomia e feedback em tempo útil.

A perceção do líder da indústria sobre o processo de aprendizagem experimental é também uma componente vital na conceção da experiência de estágio e na avaliação dos resultados da aprendizagem e das competências adquiridas pelo estagiário. Barr e McNeilly (2002), num estudo com recrutadores da Fortune 500, descobriram que cerca de 40% dos inquiridos consideravam que certas componentes do estágio, incluindo exercícios de liderança e trabalho de equipa, não podem ser ensinadas na sala de aula. O empenhamento numa experiência de aprendizagem genuína e relevante por parte dos fornecedores de estágios é uma componente essencial para um resultado bem sucedido para todas as partes interessadas.

Há controvérsia e perspectivas divergentes sobre a definição de boa liderança. Os estudos citam uma longa lista de atributos associados a uma liderança eficaz: assunção de riscos, flexibilidade, autoconfiança, inteligência, competências interpessoais, coragem, competência para o desempenho de tarefas, capacidade de decisão, honestidade, para citar alguns (Bolman & Deal, p. 346). A mais antiga conclusão fiável sobre os líderes eficazes - são mais inteligentes e trabalham mais do que as outras pessoas - continua a encontrar apoio na investigação (O'Reilly e Chatman, 1994). Independentemente das opiniões divergentes, a aprendizagem experimental como ferramenta de desenvolvimento da liderança surgiu como sendo valiosa para o processo de aprendizagem dos estudantes. O estágio em gestão hoteleira é uma componente importante do processo global de aprendizagem na aquisição de conhecimentos, competências e capacidades atribuídas a uma liderança de sucesso. A perspetiva das partes interessadas do sector, em particular dos estagiários e dos supervisores de estágio, ajudará a obter mais conhecimentos sobre a relação entre a aprendizagem experimental e a obtenção de competências de liderança. Um estágio bem estruturado pode maximizar o potencial para alcançar as competências mais desejadas pelo sector da hotelaria e restauração para manter uma vantagem competitiva.

Resumo

A literatura analisada para este estudo fornece um quadro concetual para compreender a perceção dos intervenientes num ambiente de aprendizagem experimental e as competências de liderança alcançadas. A investigação anterior sobre os estágios dos programas de gestão hoteleira centrou-se no processo e na conceção dos programas de estágio, e não nas percepções e nos níveis de competência específicos dos alunos após a conclusão do estágio. As questões de investigação foram concebidas para proporcionar uma exploração aprofundada com indivíduos relativamente à informação perceptiva e à aprendizagem da liderança numa experiência de estágio. As experiências pessoais de um indivíduo podem influenciar muitas das suas decisões. A literatura nesta revisão ajuda a orientar a investigação para responder às questões de como a perceção e a experiência podem influenciar e direcionar o desenvolvimento da liderança do estagiário. A indústria hoteleira é uma indústria em mudança e manter o sucesso através da mudança requer o conhecimento e a experiência para competir. A literatura sugere que a aquisição dos conhecimentos e competências necessários para o futuro é reforçada pela aprendizagem experimental. O processo de recolha e análise de dados para este estudo fornecerá informações sobre o nível de realização de várias competências pelos estagiários através da aprendizagem experimental. Este estudo contribuirá para a investigação que ainda está a evoluir sobre a relação entre a aprendizagem experimental e a aquisição das competências e conhecimentos valorizados pelos futuros líderes do sector da hotelaria e restauração.

CAPÍTULO III

METODOLOGIA DE INVESTIGAÇÃO

As organizações do sector hoteleiro são confrontadas com a tarefa de desenvolver futuros líderes com as competências necessárias para se adaptarem às forças que criam mudanças no sector. Os líderes da indústria hoteleira começaram a identificar as competências, ou conhecimentos, aptidões e capacidades cruciais necessárias para atingir os objectivos organizacionais, particularmente numa economia global. Uma das ferramentas utilizadas para enfrentar o desafio de desenvolver competências de liderança começa com os estudantes em aprendizagem experimental ou estágios, que são integrados nos currículos académicos. Os estudantes de gestão hoteleira que participaram num programa experimental, em comparação com os que não participaram, compreenderam melhor o funcionamento das organizações hoteleiras, tiveram uma maior capacidade de adaptação à mudança, bem como demonstraram melhores capacidades de liderança e de gestão financeira (Lee, 2007).

Ao longo do tempo, foram introduzidas três competências fundamentais essenciais para qualquer gestor: técnica, humana e concetual (Katz, 1974). A competência técnica envolve a compreensão e a proficiência num tipo específico de atividade, uma competência que requer conhecimentos especializados. A competência humana, ou interpessoal, requer uma comunicação eficaz e implica trabalhar com pessoas e compreender o seu comportamento. A competência concetual é a capacidade de ver uma organização como um todo, bem como a capacidade de compreender a organização no seu ambiente (Gregoire, 2010, p. 278). No entanto, as mudanças no ambiente empresarial ao longo dos anos levaram à necessidade de competências adicionais associadas à liderança, como a gestão financeira, as tecnologias da informação e as competências de marketing. Isto significa que os conhecimentos, as competências e as capacidades necessárias aos gestores e aos líderes mudaram ao longo dos anos (Kay & Moncarz, p. 286). Este facto pode também sugerir que não existe um consenso sobre um conjunto de competências nucleares que a indústria tenha acordado, mas que a variedade ideal de competências pode depender das variáveis no ambiente do indivíduo. Parte integrante do desenvolvimento de competências de liderança é a capacidade de compreender como os estagiários aprendem e, em particular, como moldam a aprendizagem num ambiente de aprendizagem experimental.

Este estudo procurará compreender como os estagiários percepcionam as suas competências de liderança antes e após a conclusão do estágio em gestão hoteleira. O estudo também procurará compreender as percepções dos supervisores no local de estágio. Um componente importante da pesquisa é a perceção e avaliação do supervisor das competências e habilidades de liderança do estagiário após a conclusão do estágio. Muitas das competências essenciais para uma liderança eficaz são aprendidas com a experiência e não com programas de formação formal. Atribuições especiais podem proporcionar uma oportunidade para desenvolver e aperfeiçoar competências enquanto se desempenham funções normais (Yukl, 2006). A importância das várias competências adquiridas depende do ambiente e da forma como a aprendizagem ocorre. O comportamento de liderança pode ser "baseado no contexto" e as competências e capacidades exigidas por um indivíduo podem depender de vários factores (Brownell, 2007). A natureza do ambiente de hospitalidade pode ser um fator que tem impacto na forma como a aprendizagem ocorre e, consequentemente, na forma como as competências são alcançadas. Tesone (2004) propõe um modelo de aprendizagem denominado "desenvolvimento de liderança de cérebro inteiro para gestores de hotelaria", com aplicação de conhecimentos, experiência e reflexão, como forma de melhorar as capacidades de liderança (p. 363).

Será importante compreender as percepções dos estagiários relativamente às competências que adquiriram durante a sua experiência de aprendizagem experimental, bem como a perceção do supervisor. A investigação anterior sobre os estágios dos programas de gestão hoteleira centrou-se no processo e na conceção dos programas de estágio, e não nas percepções e nos níveis de competências específicas dos estudantes após a conclusão do estágio. As suas percepções são relevantes para compreender se o objetivo de cada participante foi alcançado e em que medida as competências foram adquiridas. Este estudo servirá para compreender melhor a relação entre a aprendizagem experimental e

adquirir competências essenciais de liderança em gestão hoteleira. Esta investigação fornecerá informações valiosas sobre os fenómenos sociais que fazem parte do desenvolvimento da liderança, bem como uma compreensão aprofundada das competências obtidas através da aprendizagem experimental.

Questões de investigação

O objetivo de uma pergunta de investigação é "operacionalizar" a investigação proposta (Mertens, 2005, p. 344). Este estudo será utilizado para compreender melhor as competências que os estagiários adquirem durante a sua experiência de aprendizagem experimental e a sua perceção das competências adquiridas. A fim de proporcionar um ensino de alta qualidade e relevante para a indústria, os educadores em gestão hoteleira devem identificar e investigar continuamente as competências actuais e em evolução dos futuros gestores e líderes (Kay & Russette, 2000). Este estudo abordará as seguintes questões:

1. Como é que os estagiários percepcionam o seu crescimento como líderes durante a sua experiência de estágio em gestão hoteleira?
2. Qual é a perceção que os estagiários têm das suas capacidades de comunicação?
3. Qual é a perceção que os estagiários têm das suas competências interpessoais?
4. Qual é a perceção que os estagiários têm das suas competências de gestão financeira?
5. Qual é a perceção que os estagiários têm das suas competências tecnológicas?
6. Qual é a perceção que os estagiários têm das suas competências de marketing?
7. Quais são as percepções do supervisor sobre as competências de liderança e os conhecimentos adquiridos pelos estagiários durante a experiência de estágio?

A resposta a estas questões fornecerá um quadro para explorar a aprendizagem experimental no local de trabalho e a informação recolhida será utilizada para compreender melhor as competências que os estagiários adquiriram durante a sua experiência.

Descrição da população

A população desta investigação incluirá estagiários inscritos num estágio de 4-12 créditos no Programa de Gestão Hoteleira do Departamento de Estudos Ambientais Humanos da Southeast Missouri State University e o supervisor de cada estagiário participante. O estudo incluirá 6 estudantes de graduação que completam o requisito de estágio para o Bacharelato em Gestão Hoteleira. O estágio é uma experiência de trabalho relacionada com a carreira em Gestão Hoteleira. O estágio centra-se no desenvolvimento de competências de gestão num ambiente que permite a aplicação de conhecimentos e conceitos previamente adquiridos na sala de aula. O estágio deve proporcionar uma exposição em primeira mão e considerações práticas envolvidas na realização de tarefas de gestão no local de estágio. As tarefas podem estar relacionadas com estruturas organizacionais, processos de tomada de decisão, competências quantitativas e procedimentos de implementação (Southeast Missouri State Hospitality Management Program Internship Requirements, 2012).

Os requisitos para se inscrever no estágio são: conclusão de 75 horas de crédito; 9 cursos específicos de gestão de hospitalidade; e uma média de notas (GPA) de 2,5, tanto cumulativa como no curso de gestão de hospitalidade.

Os cursos específicos de gestão hoteleira são concebidos para apresentar ao estudante a teoria e os conceitos de gestão hoteleira e acrescentar a aprendizagem experimental sob a forma de cursos de educação culinária, gestão de eventos e reuniões, operações de alojamento, gestão e marketing. Estes cursos permitem aos estudantes adquirir conhecimentos sobre o sector que os ajudam a preparar-se para a aprendizagem experimental. Os cursos específicos exigidos pelos estudantes de gestão hoteleira incluem: introdução à gestão hoteleira, seleção e preparação de alimentos, direito hoteleiro, controlo de custos de alimentos, bebidas e mão de obra, direito hoteleiro, teoria e prática culinária, vendas e marketing hoteleiro, gestão hoteleira e institucional, produção de alimentos em quantidade e administração de eventos/reuniões.

A conclusão do estágio é um requisito de graduação do bacharelato em gestão de hospitalidade; no entanto, a utilização das informações dos participantes para fins de investigação é estritamente voluntária. Todos os participantes têm de cumprir os mesmos requisitos académicos para se inscreverem no estágio e não existem incentivos, compensações ou créditos extra oferecidos aos alunos pela sua participação.

A população da investigação incluirá também os supervisores afectos a cada estagiário no local de estágio. Os supervisores designados para cada estagiário terão experiência nessa área e poderão dar orientações sobre competências técnicas, interpessoais e conceptuais. O supervisor de cada local de estágio orientará o estagiário nos deveres e tarefas atribuídos para atingir os objectivos da organização. O supervisor também fornecerá uma avaliação baseada na sua perceção das competências que o estagiário alcançou durante o estágio.

Os locais de estágio que participam no programa de aprendizagem experimental são variados.

Os estagiários têm a oportunidade de se juntar a uma organização que lhes permite adquirir conhecimentos e experiência na área específica dos seus objectivos de carreira. A indústria hoteleira abrange vários sectores: alojamento, restauração, viagens, turismo, gestão de reuniões e eventos, entretenimento e atracções. Os estudantes podem assim identificar as áreas que mais lhes interessam. Embora o orientador de estágio ajude cada estagiário a colocar-se na organização escolhida, cabe principalmente ao aluno localizar e garantir o seu local de estágio.

A chave para o sucesso do estágio é garantir que todos os intervenientes envolvidos - os estagiários e a organização do estágio - estejam empenhados na experiência de aprendizagem. O empenhamento de todos os participantes pode desempenhar um papel fundamental na obtenção de resultados bem sucedidos por parte dos estagiários. Uma componente fundamental de uma "experiência de estágio eficaz e pedagogicamente sólida é o facto de se basear na

compromisso de triangulação de todas as partes interessadas envolvidas" (Zopiatis & Constanti, 2012, p. 44). Para melhor facilitar um programa de estágio pedagogicamente sólido, os dados serão triangulados para avaliar a relação entre a aprendizagem experiencial e a obtenção de KSA. O estudo avaliará a perceção do estagiário das suas competências de liderança antes e depois da sua experiência, bem como a perceção das suas competências de liderança pelo supervisor de estágio.

Procedimentos de amostragem

Um dos dezasseis tipos de amostragem intencional identificados por Patton (1990) é a amostragem por conveniência (Hoepfl, p. 51). A amostragem intencional procura casos ricos em informação que possam ser estudados em profundidade. O processo de amostragem que será utilizado para este estudo é a amostragem por conveniência, uma forma de amostragem intencional. Esta é considerada uma abordagem teórico-propositiva para a seleção da amostra, que é consistente com a abordagem construtivista da investigação. Esta abordagem captará a informação que emerge da amostra e as variações e saturação que existem nos padrões de dados que emergem. Os resultados podem fornecer dados sobre a experiência de estágio comum a todos os estagiários. O processo de amostragem por conveniência deve ser suficiente para compreender a variedade e a profundidade dos dados e para apoiar os resultados da investigação.

Conceção do estudo

A abordagem qualitativa da investigação é a mais adequada para examinar as experiências e percepções dos participantes e para explorar melhor as competências de liderança que podem ser adquiridas através da aprendizagem experiencial. Como Merriam (1998) afirma, a investigação qualitativa é "concebida para construir indutivamente e não para testar conceitos, hipóteses e teorias" (p. 45) e este estudo basear-se-á no conceito de que a aprendizagem experimental é uma forma de os estudantes adquirirem competências que são valiosas para o sucesso contínuo da indústria hoteleira. As caraterísticas proeminentes da conceção da investigação qualitativa que serão utilizadas como justificação para a abordagem deste estudo incluem: a capacidade de obter informações mais aprofundadas que podem ser difíceis de transmitir quantitativamente; a capacidade de utilizar contextos naturais como fonte de dados; o investigador neste estudo é o instrumento humano para a recolha de dados e pode prestar atenção à singularidade de cada caso; e a investigação qualitativa tem uma natureza "emergente" em oposição a uma conceção predeterminada (Hoepfl, 1997). Para efeitos práticos, a abordagem qualitativa é sensata, uma vez que não existem métodos quantitativos válidos e adequados para medir os resultados alcançados no processo de aprendizagem experimental ou para medir a reflexão proporcionada pelos participantes individuais (Mertens, 2005).

O estudo utilizará várias formas de dados que surgem continuamente na investigação qualitativa. As entrevistas serão a principal fonte de informação. A informação perceptiva que será utilizada neste estudo será obtida principalmente através do processo de entrevista. As observações serão efectuadas pelo supervisor do estagiário e a documentação será desenvolvida sob a forma de uma avaliação. A avaliação do supervisor basear-se-á em vários critérios, incluindo as observações de todos os participantes no processo de estágio. Um relatório de incidente crítico feito pelo estagiário também fará parte dos dados recolhidos que são consistentes com a abordagem de conceção qualitativa.

A abordagem de estudo de caso coletivo também é adequada para esta conceção. Serão explorados vários estudos de caso de um programa de gestão hoteleira. A conceção do estudo de casos múltiplos utiliza a lógica da replicação, que permite ao investigador replicar os procedimentos para cada caso (Creswell, p. 74). A utilização de casos múltiplos de vários locais ajudará a ilustrar as perspectivas individuais da investigação.

Fundamentação da conceção da investigação

. O formato de entrevista foi escolhido em vez de inquéritos individuais à população para este estudo. Embora a entrevista possa, por vezes, exigir formação por parte do entrevistador (Fink, 2009, p. 9), as percepções individuais, em oposição às opiniões, podem ser mais bem geridas. O entrevistador pode explorar mais áreas com o entrevistado, estabelecer contacto visual e observar a linguagem corporal e, no caso de entrevistas por telefone, o entrevistado pode sentir-se mais à vontade para explorar mais áreas de discussão no local físico mais confortável para ele. O processo de entrevistar o estagiário no final do estágio permite-lhe refletir sobre o processo de aprendizagem experimental. Um estudo realizado com estudantes de gestão hoteleira sugere que existe uma relação positiva entre as competências e práticas de liderança e os estudantes que reflectem sobre o seu próprio comportamento e acções (Arendt & Gregoire, 2008). A capacidade de refletir sobre as próprias acções e de alterar as acções com base na reflexão pode ser uma ferramenta valiosa para o desenvolvimento da liderança. Na investigação qualitativa, quando as entrevistas são o principal instrumento de recolha de dados, a informação perceptiva é a mais crítica das informações necessárias (Bloomberg & Volpe, 2012, p. 106). A informação perceptiva depende do entrevistador para descobrir as experiências do participante e como a experiência pode ter alterado a sua atitude ou mudado de muitas maneiras (Bloomberg & Volpe, p. 106). O processo de entrevista é uma forma de abordar eficazmente as questões de investigação e fornecer a profundidade e a amplitude da informação que se pretende obter dos estagiários neste estudo.

Os relatórios de incidentes críticos permitem a revelação de percepções não reveladas através das entrevistas (Bloomberg & Volpe, p. 122). O relatório pode permitir ao participante sondar suposições e refletir sobre o incidente. O relatório de incidente crítico é um método de investigação qualitativa valioso porque se baseia numa abordagem descritiva e indutiva da recolha de dados. Os relatórios devem fornecer ao investigador uma ferramenta para ajudar a corroborar os dados da entrevista.

Análise de dados

Os dados serão analisados com base na horizonalização e nos grupos de significado (Creswell, p. 61). A horizontalização permite que o investigador se baseie nos dados recolhidos a partir das questões de investigação e identifique as declarações significativas fornecidas pelos participantes que permitirão compreender a sua experiência de estágio. Os grupos de significado podem ser formados para identificar temas centrais derivados dos grupos (Groenewald, p. 19).

Métodos e procedimentos de recolha de dados

O processo de recolha de dados é descrito por Creswell como um "círculo" de actividades inter-relacionadas... .processo de envolvimento em actividades que incluem, mas vão para além da recolha de dados", com o objetivo de reunir boas informações para responder a questões de investigação emergentes (Creswell, p.117). A recolha de dados pode ser dividida em fontes de informação: pessoas (inquéritos e entrevistas), observação de eventos e documentos físicos (produtos como portefólios de alunos), avaliações (testes) e várias formas de provas documentais, como relatórios de avaliação (Mertens, pgs. 343-344).

A utilização de múltiplos métodos e a triangulação são fundamentais na tentativa de obter uma compreensão aprofundada dos casos em estudo. Esta estratégia acrescenta rigor, amplitude e profundidade ao estudo e fornece provas corroborativas dos dados obtidos (Creswell, 2007; Denzin & Lincoln, 2011). A metodologia de recolha de dados para este estudo será feita a partir de múltiplas fontes. Os dados primários serão recolhidos sob a forma de entrevistas, observações e análise de documentos. As entrevistas e as observações são fundamentais para a abordagem de conceção em estudos qualitativos. As entrevistas com os estagiários serão gravadas em áudio e baseadas num protocolo de entrevista. O protocolo de entrevista consistirá em perguntas abertas destinadas a compreender as percepções das suas competências de liderança antes e depois do estágio. As perguntas são um processo de redução da pergunta central a sub-perguntas (Creswell, p. 132). Os tópicos das perguntas utilizadas como protocolo de entrevista serão semi-estruturados. Será apresentado um conjunto de perguntas abertas, mas o entrevistador terá liberdade para explorar as percepções, opiniões ou valores, conhecimentos e sentimentos sobre o processo de aprendizagem da liderança. Como segunda opção, quando o acesso direto não for prático, serão realizadas entrevistas telefónicas.

O método de recolha de dados das observações será utilizado sob a forma de relatórios de incidentes críticos e de avaliações dos supervisores. Um relatório de incidente crítico é um produto da análise de incidente crítico. Sugere-se que a análise de incidentes críticos tem valor e é adequada para desenvolver competências interpessoais e auto-consciência. A análise crítica tem as suas raízes na psicologia industrial e organizacional e tem sido utilizada para medir o desempenho típico, a formação, a proficiência e para determinar a motivação e as atitudes de liderança (Butterfield, Borgen, Amundson e Maglio, 2005, p. 477). A análise crítica permite que os estudantes se baseiem em experiências e lhes dêem sentido, facilitando a aprendizagem a partir da prática (Parker, Webb, & D'Souza, 1995). Os relatórios de incidentes críticos proporcionam ao estagiário uma oportunidade de aprender através do exemplo, uma técnica concebida para recolher dados de observação direta, recolhidos a partir de eventos específicos , do comportamento humano para facilitar a resolução de problemas. Os incidentes críticos são especialmente úteis na exploração de aspectos específicos e situacionalmente relevantes do comportamento de gestão (Yukl, 2006, p. 62).

O supervisor de cada participante no estágio fornecerá uma avaliação das competências alcançadas pelo estagiário no final do estágio. Esta avaliação basear-se-á numa escala de Likert de 5 pontos que avaliará o grau das KSA's alcançadas pelo estagiário, utilizando de satisfatório a excelente como intervalo de medição do desempenho. A resposta do supervisor da aprendizagem experimental é uma componente vital na conceção da experiência de estágio e na avaliação dos resultados da aprendizagem e das competências alcançadas pelo estagiário. Como o supervisor tem experiência no cargo de gestão hoteleira que ocupa, a sua avaliação fornecerá dados importantes sobre as competências e conhecimentos de liderança do estagiário.

Os dados recolhidos apoiarão as questões de investigação colocadas e são concebidos para conduzir a descrições textuais e estruturais das suas experiências. Através da triangulação, os métodos e procedimentos de recolha escolhidos permitirão compreender as experiências comuns a cada indivíduo.

Procedimentos de análise de dados

A análise de dados qualitativos pode ser definida como "trabalhar com dados, organizá-los, dividi-los em unidades manejáveis, sintetizá-los, procurar padrões, descobrir o que é importante e o que deve ser aprendido, e decidir o que se vai dizer aos outros (Bogdan, & Biklen, 1982, p. 145). A análise de dados para este estudo envolve a preparação e a organização de dados em bruto e, em seguida, a redução dos dados em temas emergentes utilizando um processo de codificação. Alguns dos dados para esta investigação serão apresentados sob a forma de figuras, enquanto a maioria dos dados será representada como uma discussão. Será utilizada a abordagem de análise indutiva. Isto permitirá a emergência de temas críticos a partir dos dados e a colocação dos dados em bruto em categorias lógicas e a análise e interpretação dos dados para informar a questão de investigação.

Os métodos de codificação elementar são a abordagem principal da análise de dados qualitativos. O método de codificação elementar específico que será utilizado como base para esta análise é a codificação descritiva. Este tipo de codificação será utilizado por várias razões. Em primeiro lugar, é útil para os investigadores qualitativos principiantes, porque ajuda a organizar os dados a um nível básico e ajuda a organizar o estudo. Em segundo lugar, a codificação descritiva é útil para a investigação com várias formas de dados, tais como avaliações, diários, correspondência e entrevistas. Finalmente, este tipo de codificação ajudará a fornecer ao leitor a descrição e a interpretação dos dados.

O processo de análise incluirá também a classificação. A classificação permitirá o estabelecimento de temas e padrões a partir do agrupamento das experiências pessoais e das declarações fornecidas em unidades de significado.

Questões de qualidade

As informações apresentadas nesta investigação devem ser consideradas fiáveis e credíveis. Surgiram várias normas para avaliar a qualidade da informação da investigação qualitativa e para estabelecer a fiabilidade e a validade dos dados. As normas utilizadas pelos investigadores construtivistas para abordar as questões de qualidade da investigação qualitativa incluem: credibilidade, transferibilidade, fiabilidade e confirmabilidade (Mertens, p. 253).

O critério de credibilidade sugere se os resultados são exactos e credíveis do ponto de vista do investigador, dos participantes e do leitor (Bloomberg & Volpe, p. 124). A credibilidade é paralela ao critério de validade num estudo quantitativo. De acordo com Polkinghorne (1989), a validação refere-se à noção de que uma ideia está bem fundamentada e bem apoiada (p. 57). Polkinghorne colocou cinco questões que os investigadores devem colocar a si próprios quando abordam a validade. As perguntas referem-se à influência do entrevistador sobre o conteúdo das descrições dos participantes, à exatidão da transcrição e à capacidade de explicar conteúdos e ligações específicos nos exemplos das suas experiências e percepções (Creswell, p. 215). Será efectuado um teste-piloto das perguntas do protocolo de entrevista para testar se as perguntas fornecerão a informação necessária. Um teste-piloto pode revelar rapidamente se o conteúdo é compreendido pelo participante e pode ajudar o investigador a eliminar quaisquer potenciais áreas de dificuldade. Também será efectuado um teste-piloto das entrevistas presenciais. O feedback consistente dos estagiários durante o estágio, juntamente com as entrevistas após o estágio, também será utilizado para estabelecer a credibilidade.

Os métodos de triangulação podem ser utilizados a partir dos múltiplos pontos de dados obtidos na investigação. Este processo permitirá a corroboração dos dados provenientes das várias fontes e o apoio de temas e teorias emergentes. Para garantir a fiabilidade, será necessário manter um protocolo para o processo de investigação e submeter o processo a uma auditoria. A fiabilidade da investigação pode ser abordada estabelecendo se os resultados podem ser sujeitos a mudanças e instabilidade (Creswell, pg. 204). A transferibilidade, um critério de fiabilidade, pode ser estabelecida pelo grau de partilha de experiências entre os estagiários (Bloomberg & Volpe, p. 113). Embora a informação obtida a partir das descrições fornecidas pelos estagiários possa não ser generalizada a todos os participantes num estágio de gestão hoteleira, o leitor pode achar que esta informação se pode aplicar a outros locais de estágio ou investigação com processos e contextos semelhantes, conforme julgar o leitor.

Limitações da investigação

O principal procedimento de amostragem utilizado neste estudo é a amostragem por conveniência. Embora este tipo de procedimento de amostragem forneça uma população prontamente disponível, o procedimento tem limitações. Esta investigação só será realizada em estagiários de gestão hoteleira numa instituição. Uma amostra mais alargada dessa população, durante um período de tempo mais longo, contribuiria para a capacidade de generalizar os resultados. Este estudo tem lugar numa universidade pública do centro-oeste dos Estados Unidos. O estudo está, portanto, limitado pela população da área geográfica e pode refletir os valores e comportamentos conducentes à região geográfica, mas não necessariamente dos estagiários de todas as áreas geográficas. Esta investigação pode ainda aplicar-se a universidades privadas noutras localizações geográficas, bem como ter aplicação no sector da hotelaria em geral.

Outra limitação fundamental deste estudo é a questão da subjetividade e do potencial enviesamento do investigador. O investigador é o orientador de estágio do programa de estágio em gestão hoteleira e o diretor do programa de gestão hoteleira. O papel do investigador junto dos participantes no estágio pode suscitar preocupações relativamente a suposições e percepções e à forma como a investigação é enquadrada. O investigador abordará as possíveis preocupações de parcialidade e subjetividade durante a análise de dados, codificando todas as transcrições de entrevistas às cegas para não associar qualquer material recebido a um indivíduo em particular.

O estudo é limitado pelos limites do tempo e constrangido pela possível falta de profundidade de cada caso, ou variações na consistência da quantidade de informação que cada participante fornece sobre a sua experiência.

O estudo também não aborda questões relacionadas com o nível de realização de ASK específicas por um estudante em comparação com outro. É necessária mais investigação para analisar se a obtenção de determinadas ASK é prevista com base noutros factores, como a média de notas académicas, avaliações de personalidade e resultados de testes, que podem influenciar ou ter impacto no sucesso individual no processo de aprendizagem experimental. Esta investigação deve fornecer informações valiosas sobre a forma como os programas de gestão hoteleira podem preparar os estudantes como futuros líderes no sector e ajudar a colmatar o défice de liderança que existe. A capacidade de conceber ou reformular o currículo no sistema de ensino superior pode não ser imediatamente viável ou prática. Um programa de gestão hoteleira teria de estar aberto à mudança estrutural e filosófica necessária para implementar um programa de aprendizagem experimental no sistema e dispor dos recursos necessários para atingir esses objectivos. Seria útil dispor de mais dados sobre a forma como as mudanças podem ser implementadas de forma realista nas actuais estruturas do ensino superior.

Descrição do investigador

O investigador de um estudo qualitativo tem a obrigação de respeitar vários conceitos que conduzem à conceção de um estudo eficaz. A confiança e a credibilidade são qualidades importantes do investigador. Strauss e Corbin (1990) referem-se à "sensibilidade teórica" como uma forma de medir a competência e a prontidão do investigador para efetuar um estudo qualitativo (p. 42). A sensibilidade teórica é uma consciência das subtilezas dos dados, a capacidade de ter uma visão e de dar sentido à investigação. Também se refere à capacidade de separar o que é pertinente do que não é. Esta investigação exigirá sensibilidade teórica aos dados. A experiência do investigador no sector da hotelaria ajudará a descrever cada experiência de estágio de uma perspetiva profissional. O investigador também pode fornecer feedback a cada participante ao longo do processo de recolha de dados relativamente ao seu ambiente de estágio, a fim de maximizar o processo de aprendizagem experimental. O investigador deve ser sensível à posição que ocupa como investigador e supervisor de estágio e a qualquer preconceito que possa surgir durante o processo de investigação.

Considerações éticas

A investigação será efectuada com o consentimento informado dos participantes. Não se prevê que a participação neste estudo acarrete riscos superiores aos que se verificam na vida quotidiana. Não há consequências adversas (físicas, sociais, económicas, jurídicas ou psicológicas) da decisão de um estagiário de se retirar da investigação em qualquer momento.

Em caso de desistência, o estagiário continuará o estágio, mas os seus dados não serão utilizados para efeitos do presente estudo e serão destruídos. A participação no estudo é estritamente voluntária e o estagiário pode recusar-se a participar e/ou interromper a sua participação em qualquer altura, sem penalização ou prejuízo. O estagiário será também informado de que a participação, ou a decisão de não participar, não afectará de modo algum a sua nota no curso de estágio. A identidade dos estagiários (nomes individuais e informações académicas) permanecerá confidencial. Os estagiários serão codificados por género e cada um será identificado apenas por uma letra, que não representará o seu nome verdadeiro. Os dados brutos serão arquivados e armazenados pelo investigador fora do local de investigação e protegidos de indivíduos não autorizados.

Resumo

Os dados recolhidos e analisados permitirão compreender a perceção dos conhecimentos, das competências e das capacidades alcançadas pelos estagiários durante o seu estágio em gestão hoteleira. Foi utilizada uma análise qualitativa de estudo de caso porque o objetivo desta investigação é compreender os fenómenos sociais limitados que existem entre vários estagiários durante uma experiência de aprendizagem experimental em gestão hoteleira. Serão utilizados três métodos de recolha de dados, incluindo entrevistas, relatórios de incidentes críticos e análise de documentos a partir de observações. A análise, as conclusões e as recomendações desta investigação ajudarão a clarificar o papel da aprendizagem experimental nas competências de liderança e a forma como a aprendizagem experimental pode ser efetivamente integrada num currículo de gestão hoteleira.

CAPÍTULO IV

APRESENTAÇÃO DOS RESULTADOS

O quarto capítulo aborda as análises qualitativas dos dados recolhidos para este estudo. O objetivo deste estudo foi compreender como os estagiários percepcionam o desenvolvimento das suas competências de liderança durante o estágio em gestão hoteleira. O estudo também procurou compreender as percepções dos supervisores de estágio sobre o desenvolvimento das competências e o desempenho geral dos estagiários. Estes dados foram recolhidos através de uma amostragem de conveniência de estudantes que completam o seu estágio num programa de gestão hoteleira na Southeast Missouri State University. As informações deste estudo irão: 1) informar os indivíduos que dirigem programas de estágio sobre a teoria e as práticas por trás do conceito de aprendizagem experiencial e estágios; 2) fornecer aos educadores informações que auxiliam na conceção e implementação de estágios de gestão de hospitalidade; 3) fornecer uma compreensão de como os estagiários e supervisores percebem as competências de liderança que eles ganharam durante a experiência de estágio; e 4) ajudar a identificar como a aprendizagem experiencial pode ser melhor integrada em programas de gestão de hospitalidade.

A maioria dos programas de gestão hoteleira tem enfatizado a importância da aprendizagem experimental através de oportunidades de estágio (Lam & Ching, 2006). Este tipo de aprendizagem integrada no trabalho proporciona aos participantes a capacidade de desenvolver competências específicas, capacidades e aptidões transferíveis. Do ponto de vista do estudante, um estágio proporciona uma experiência de aprendizagem valiosa e melhores oportunidades de emprego (Cook, Parker & Pettijohn, 2004, p. 181). O estágio proporciona aos estudantes a oportunidade de trabalhar com profissionais do sector e observar em primeira mão os processos envolvidos no seu futuro emprego. Os licenciados estão cada vez mais conscientes de que um estágio pode aumentar a sua capacidade de obter o emprego que desejam no sector.

Os estágios também parecem ajudar os estudantes a relacionar a sua experiência na sala de aula com a experiência profissional. Ju (1997) refere que os programas de estágio proporcionam aos estudantes a oportunidade de testarem as suas opções de carreira enquanto ainda estão na faculdade. Um estágio bem estruturado pode proporcionar uma experiência positiva para o participante e aumentar a probabilidade de o aluno considerar fortemente a carreira.

Dados demográficos dos participantes

Os participantes neste estudo consistiram em seis estagiários que efectuaram um estágio de gestão hoteleira em vários locais e cinco supervisores que avaliaram os estagiários relativamente às competências que adquiriram durante o estágio. Segue-se uma breve descrição do tipo de local que cada estagiário selecionou e uma declaração pessoal sobre as suas expectativas relativamente à experiência de estágio: A estagiária A completou o seu estágio numa cadeia nacional de churrascarias de jantar casual em Cape Girardeau, MO. Os seus objectivos de estágio incluíam a aprendizagem de todas as facetas das operações do restaurante, enquanto trabalhava principalmente na frente da casa. Um dos seus objectivos é, segundo ela, o seguinte

"Preciso de aprender a prestar atenção à política e a comunicar. Quero melhorar as minhas capacidades de comunicação com os meus clientes e colegas de trabalho. Espero também conseguir estabelecer relações pessoais com os clientes habituais."

A estagiária B completou o seu estágio numa organização sem fins lucrativos localizada em Portageville, MO. As suas responsabilidades incluíam a participação em objectivos de aprendizagem de gestão e liderança, especificamente relacionados com recursos humanos, e a coordenação de eventos e reuniões para a organização. Ela identificou os objectivos e metas de aprendizagem do seu estágio como

"Preciso de mais experiência no desenvolvimento do negócio da hotelaria. Vou concentrar-me na forma como os gestores funcionam nas suas rotinas diárias. Queria saber como é que a empresa está organizada (ou seja, o organigrama) e o que é que as pessoas fazem. Penso que isto é aplicável a todos os segmentos da hotelaria. Os meus objectivos pessoais e as oportunidades deste estágio são obter uma visão do que acontece nos escritórios reais: funcionalidade, fluxo organizacional, capacitação, responsabilidades e desempenho dos recursos humanos, liderança, competências tecnológicas, competências contabilísticas, competências de comunicação. Considero que, em combinação com os meus estudos na Southeast Missouri State University em Gestão Hoteleira, estas competências e desempenhos são essenciais para um futuro emprego na minha área de especialização. Dar-me-á uma perspetiva mais ampla de todos os meus estudos em ação e pode ser aplicado a quase qualquer tipo de ocupação."

A estagiária C completou o seu estágio num Bed & Breakfast em Cape Girardeau, MO. As suas responsabilidades incluíam a aprendizagem de todos os aspectos do funcionamento de um pequeno estabelecimento de alojamento. Ela identificou os seguintes objectivos e metas de aprendizagem do estágio:

"Quero aprender a ser capaz de realizar várias tarefas, a estar aberta a aprender a fazer coisas novas, a adaptar-me à mudança e a ser simpática com os hóspedes, prestando-lhes um serviço excelente para que desfrutem do seu tempo. O que espero aprender é o que é necessário para gerir um alojamento com pequeno-almoço. Queria aprender isto porque estava a pensar em ter a minha própria pensão, talvez uma casa com 3-5 quartos. Outro objetivo que gostaria de aprender enquanto estiver lá é mais sobre eventos e os contratos de eventos."

A estagiária D completou o seu estágio num grande parque de diversões em Orlando, Florida. Ela identificou os seguintes objectivos e metas de aprendizagem do estágio:

"Há algumas competências que espero adquirir. Espero adquirir conhecimentos sobre como interagir com os clientes. Além disso, pretendo adquirir conhecimentos sobre a forma de operar atracções e seguir as diretrizes de segurança para garantir que os clientes tenham um dia seguro e divertido nos parques. Pretendo também adquirir competências para gerir eficazmente o controlo de multidões. Desejo adquirir conhecimentos sobre o que é trabalhar numa empresa da Fortune 500. Conheci algumas pessoas que fizeram o programa e nenhuma delas teve qualquer problema em conseguir emprego depois de completarem os seus estágios."

A estagiária E também se formou no Programa Acelerado de Arte Culinária do Culinary Institute of America. Realizou o seu estágio em dois restaurantes finos em Cape Girardeau, MO. Ela identificou os objectivos de aprendizagem do seu estágio como
"Quero aprender o que fazer para preparar a abertura de um restaurante. Aprender com os outros como gerir um negócio de sucesso."

A estagiária F é cidadã do Japão. Realizou o seu estágio num restaurante local em Cape Girardeau que se dedicava à cozinha internacional. Os objectivos e metas de aprendizagem do seu estágio foram identificados como
"Espero adquirir os conhecimentos e as competências (nos) sistemas de restauração e de serviço. Espero dar o meu contributo total para a organização, esforçando-me ao máximo para melhorar a sua atividade enquanto estiver a trabalhar para eles. Penso que posso dar informações sobre a comida japonesa. No entanto, penso que muitas coisas não podem ser aprendidas se eu não trabalhar de facto para isso. Por isso, penso que o estágio é uma óptima oportunidade antes de arranjar emprego. Existem algumas diferenças entre as pessoas que fizeram um estágio e as que não o fizeram, e é claro que as pessoas que o fizeram estão em vantagem. Finalmente, pude fazer muitos amigos novos através do estágio."

Os estagiários identificaram várias aptidões e competências que esperam adquirir e muitas dessas aptidões foram identificadas como competências de gestão hoteleira desejáveis. O tipo de local onde os estagiários realizaram o seu estágio foi diferente, pelo que o leque de exposição ao desenvolvimento de competências de liderança variou para cada estagiário. A perceção geral dos estagiários sobre a experiência de estágio permitiu compreender como a experiência se alinhou com as suas expectativas.

Questões de investigação

As questões de investigação foram concebidas para compreender as competências de liderança alcançadas pelos estudantes durante o seu estágio em gestão hoteleira. A capacidade de compreender como os estagiários aprendem e, em particular, como moldam a aprendizagem num ambiente de aprendizagem experimental é essencial para o desenvolvimento de competências de liderança.

As questões de investigação foram também concebidas para compreender as percepções do supervisor ou diretor sobre o desenvolvimento das competências do estagiário. A perspetiva das partes interessadas envolvidas no processo de aprendizagem experimental - estagiários e supervisores ou mentores - ajudou a aprofundar o processo de desenvolvimento de competências de liderança.

A questão de saber como os alunos percepcionam as competências e as normas do sector da hotelaria e as suas realizações, permitiu compreender como a experiência os afectou individualmente. Os alunos consideraram as competências realistas, operacionais e exequíveis, pelo que podem acreditar que podem ter sucesso na carreira. Os dados também indicaram que alguns alunos tinham sentimentos mistos ou negativos sobre a experiência e o que foi aprendido, o que é um resultado que pode levar a mais perguntas sobre variáveis e outros factores que podem ter impacto nessas percepções. A sua reflexão sobre a experiência ajudou a compreender como um estágio pode mudar significativamente as suas vidas e ajudá-los a adquirir os conhecimentos de que necessitam para se tornarem líderes do futuro. Para realizar este estudo, foram abordadas as seguintes questões de investigação:

1. Como é que os estagiários percepcionam o seu crescimento como líderes durante a sua experiência de estágio em gestão hoteleira?
2. Qual é a perceção que os estagiários têm das suas capacidades de comunicação?
3. Qual é a perceção que os estagiários têm das suas competências interpessoais?
4. Qual é a perceção que os estagiários têm das suas competências em tecnologias da informação?
5. Qual é a perceção que os estagiários têm das suas competências de marketing?
6. Qual é a perceção que os estagiários têm das suas competências de gestão financeira?
7. Quais são as percepções do supervisor sobre as competências de liderança e os conhecimentos adquiridos pelos estagiários durante a experiência de estágio?

Cinco conclusões principais emergiram deste estudo:

1. A maioria dos participantes (5 de 6 [83%]) expressou uma participação significativa em actividades analíticas, financeiras e de resolução de problemas, ou competências de

"liderança", durante a sua experiência de estágio.

2. A maioria dos estagiários (5 de 6 [83%]) referiu a falta de oportunidades para desenvolver competências técnicas e de marketing. Apenas um deles referiu uma exposição limitada ao desenvolvimento de competências nessas duas áreas na organização.

3. Todos os estagiários identificaram competências de comunicação, trabalho em equipa, relações com os trabalhadores e com os clientes, ou competências interpessoais que aprenderam durante a sua experiência de estágio.

4. Todos os estagiários identificaram experiências de aprendizagem específicas que foram mais significativas para a sua experiência global e as mudanças que foram necessárias nas suas vidas para acomodar a participação plena na experiência de estágio.

5. A maioria dos supervisores dos estagiários (5 de 6 [83%]) deu um feedback favorável em relação ao desenvolvimento da liderança dos estagiários, identificando também áreas para o seu desenvolvimento futuro.

Segue-se uma discussão dos resultados com uma discussão de apoio de cada resultado. O objetivo do investigador era compreender de que forma os estudantes de um programa de gestão hoteleira adquiriram competências de liderança e gestão durante a sua experiência de estágio. Os estagiários forneceram uma breve declaração inicial da sua definição pessoal de competências de liderança, ou do que é um líder para eles. O processo de definição das competências de liderança permitiu-lhes identificar e discutir o seu próprio desenvolvimento de competências. Os estagiários expressaram a sua caraterização de um líder nos seguintes termos:

Motivar, dar o exemplo, dar o seu melhor, esforçar-se, ter conhecimentos mas não precisa de saber tudo - precisa de saber como funcionar. (Estagiário A)

Um líder tem honestidade, respeito, justiça, compreensão, igualdade, eficácia, conhecimento do seu produto e da sua empresa, definição de objectivos. (Estagiário B)

Um líder tem a capacidade de comunicar bem com os outros, de gerir um grupo de pessoas para se certificar de que estão a realizar corretamente as tarefas do dia, de dar prioridade às diferentes tarefas que têm de ser realizadas, de ser fiável, honesto, trabalhador e inteligente.

(Estagiário C)

Um líder tem a capacidade de delegar tarefas, comunicar com uma variedade de pessoas diferentes, para além de gerir um grupo de pessoas. Aprendi que os líderes que têm boas relações com os empregados têm mais probabilidades de serem ouvidos pelos empregados do que os líderes que não são bem aceites pelos empregados. (Estagiário D)

Um líder tem visão, é um jogador de equipa, trabalhador árduo, pode delegar (a) membros da equipa e, mais importante ainda, é alguém que é um bom comunicador. Continuo a acreditar que os líderes devem ter visão e ser capazes de comunicar essa visão aos outros; no entanto, acredito que um verdadeiro líder é alguém suficientemente humilde para ensinar porque é que quer que as coisas sejam feitas daquela forma... alguém que lidera pelo exemplo e não apenas por ordens. (Estagiário E)

Um líder é alguém que junta os trabalhadores, desenvolve as capacidades dos trabalhadores, é apoiado e confia nos trabalhadores. (Estagiário F)

As declarações iniciais dos estagiários sobre as caraterísticas de liderança revelaram que os estagiários têm alguma compreensão das competências e capacidades que se sabe caracterizarem os líderes eficazes. Identificaram várias competências que são essenciais para uma liderança eficaz, tais como: motivar, ter visão, capacidade de comunicar, orientação para a equipa, ter conhecimentos do sector e ter a capacidade de liderar. As respostas dos estagiários indicaram que, ao iniciarem o estágio, tinham uma compreensão geral da definição de liderança, no entanto, o estágio permitiu-lhes ver como estas competências são desenvolvidas e operacionalizadas numa organização de gestão hoteleira. A definição de competências de liderança desde o início do estágio permitiu que os estagiários identificassem as oportunidades de desenvolvimento de liderança e as realizações ao longo da sua experiência.

Primeira constatação: A maioria dos estagiários (5/6) identificou as competências analíticas, financeiras e de resolução de problemas como competências que observaram e aprenderam durante a sua experiência de estágio.

A principal conclusão desta investigação é que os estagiários foram capazes de expressar aptidões e competências de gestão e liderança que são conhecimentos, aptidões e capacidades essenciais (KSA's). Esta constatação é significativa, na medida em que cada estagiário identificou capacidades de aprendizagem que estão alinhadas com os modelos de competências orientados para o futuro, desenvolvidos tendo em mente o sector da gestão hoteleira.

Com base nas descrições dos estagiários, houve oportunidades para aprender competências analíticas, de resolução de problemas e financeiras. Os estagiários expressaram o seu desenvolvimento de competências analíticas e de pensamento estratégico das seguintes formas

Estou constantemente a estabelecer prioridades, a analisar uma situação. Estou a ordenar as coisas no meu cérebro - identificando o que é importante. Consigo analisar uma mesa e um hóspede... e definir uma melhor estratégia para os abordar. Tento fazer um perfil psicológico instantâneo, identificando o que sugerir (comida e bebida). A forma como estão vestidos é importante para analisar um cliente. (Estagiário A)

Penso que melhorei as minhas capacidades de pensamento estratégico, especialmente quando tenho de sentar os convidados para a atração. Tenho de saber qual é o melhor caminho para os colocar no barco, manter o grupo unido e carregar o barco de forma eficiente. Também tenho de analisar quando é uma boa altura para fechar ou abrir espaço na fila. Tenho de ter em conta se está a decorrer um desfile ou se outra atração foi encerrada e ajustar se a minha atração vai ter mais ou menos visitantes. (Estagiário D)

Uma estagiária salientou que já possuía competências analíticas, mas indicou que utilizou essas competências para analisar os dados de forma mais pormenorizada e repetida no estágio:

Já tinha capacidades de pensamento analítico e estratégico. Sou capaz de definir prioridades, categorizar. Sou muito organizado. Utilizei estas competências (no estágio). Dissecei dados seis vezes, fazendo várias semanas de trabalho analítico. É necessário concentrar-me em muitos pormenores dos dados... Não sabia que uma folha de papel podia ser dissecada tantas vezes. O meu marido dizia sempre que eu era capaz de analisar uma coisa até à morte. Acho que sou assim. (Estagiário B)

Dois dos estagiários discutiram as competências de resolução de problemas que utilizaram quando confrontados com situações relacionadas com o serviço de apoio ao cliente. Ambos os estagiários identificaram desafios operacionais semelhantes e expressaram as suas reacções e soluções:

Descreveria a minha capacidade de pensar sobre as situações de forma analítica e estratégica como bastante boa, porque gosto de pensar dessa forma sobre diferentes situações e sobre os possíveis problemas, para poder ajudar a evitar que esses problemas aconteçam. Um exemplo do meu estágio em que utilizei competências de resolução de problemas foi quando o pessoal estava de férias. Tive de descobrir como fazer o check-in dos hóspedes, porque era a primeira vez que tinha de o fazer sozinha, por isso tive de utilizar competências de resolução de problemas para descobrir o que tinha de fazer. Ainda não sabia como utilizar a máquina de cartões de crédito. Tive de encontrar os papéis de que o "J" me falou para poder descobrir como executar as diferentes funções que a máquina de cartões de crédito tem. Por isso, encontrei os papéis, li-os e descobri como utilizar a máquina de cartões de crédito. (Estagiário C)

O primeiro problema com que me deparei foi o facto de a funcionária da sala de refeições ser apenas eu, apesar de ser o terceiro dia desde que comecei a trabalhar lá. Como era o meu terceiro dia de trabalho, não sabia quanto custava o buffet exatamente para estudantes ou residentes locais e como utilizar a caixa registadora eletrónica e a máquina de cartões de crédito, porque me disseram que ainda não precisava de saber utilizá-la. A maioria dos clientes paga a sua conta com cartões de crédito. No entanto, como não sabia como utilizar a máquina, perguntei aos clientes se tinham dinheiro ou não. Alguns clientes não tinham dinheiro, mas os seus amigos pagaram por eles. Felizmente, todos os clientes podiam pagar em dinheiro. Tive de abrir a caixa registadora com o uso da força. Cerca de uma hora e meia depois da hora de abertura, a patroa regressou ao restaurante. Depois, perguntei-lhe como se usava a caixa registadora e, finalmente, aprendi. (Estagiário F)

A estagiária F também falou de como se apercebeu de que os outros empregados estavam a "pensar por si próprios", algo que teve de observar para aprender. Falou de uma situação em que os produtos alimentares do bufete tinham acabado, mas como não lhe tinham dito para pedir mais comida à cozinha, não tomou a iniciativa de resolver problemas relacionados com o serviço ao cliente:

A hora de almoço no café é movimentada. Reparei que quase não havia comida na mesa do buffet. No entanto, nunca tinha pedido comida (à cozinha) porque não sabia que o devia fazer. Por vezes, um cozinheiro vem à sala de jantar para verificar a quantidade de comida que resta. Por isso, pensei que não precisava de os encomendar. Quando a patroa regressou ao restaurante, perguntou-me: "Porque é que não há comida e porque é que não a encomendaste?" Na verdade, pensei que devia fazer isso, apesar de ninguém me ter dito para o fazer. No entanto, é claro que não consegui arranjar uma desculpa. Pensei que não sabia porque é que tinha sido avisado. No entanto, desde esse dia que me preocupo realmente com as quantidades dos restantes alimentos. Penso que foi uma boa experiência para mim. Sei que confiei nos outros trabalhadores quando trabalhei com eles, porque penso que eles verificaram as quantidades de alimentos restantes e encomendaram tudo. Não deveria ter precisado que me dissessem para pedir (a comida do buffet). No entanto, apercebi-me de que os outros trabalhadores não precisavam que lhes dissessem, eles agiam pensando por si próprios. Por isso, sinto que fui egoísta e que devo prestar mais atenção, mesmo que não seja a minha área ou que não tenha aprendido.

A estagiária B indicou que já possuía competências de resolução de problemas; no entanto, a experiência de estágio exigiu-lhe que mudasse a sua abordagem à resolução de problemas e aprendesse a ajustar o seu conjunto de competências a uma nova situação interpessoal:

Utilizei competências de resolução de problemas - já confiante nessa capacidade - mas tive de adotar abordagens diferentes para a resolução de problemas. As diferenças de gerações puseram em causa as minhas capacidades de resolução de problemas. Muitos dos empregados eram mais novos do que eu e eu tinha aprendido a resolver problemas com mais autoridade. Trabalhei numa hierarquia. Aprendi a resolver problemas situacionais. Aprendi a trabalhar com a defensividade - as coisas eram "sensíveis e difíceis" com certos grupos etários. Tive de compreender e concentrar-me no que era importante e prioritário para diferentes grupos etários e situações. (Estagiário B)

Três dos estagiários discutiram a sua experiência com situações financeiras. O conhecimento das competências de análise e gestão financeira foi identificado como um dos domínios KSA para o sucesso da gestão hoteleira. Kay e Moncarz (2004) identificaram várias competências de gestão financeira que são consideradas importantes, incluindo o controlo dos custos, a gestão do fluxo de caixa, o planeamento e a orçamentação, e o conhecimento de análises operacionais e financeiras e de alavancagem. Os estagiários expressaram as suas oportunidades de aprendizagem com o desenvolvimento de competências financeiras das seguintes formas:

Pessoalmente, aprendo o custo dos artigos para melhor resolver questões financeiras com clientes, depósitos aprendidos, gavetas de bar, relatório de trabalho, relatório de vendas diárias e resolução de problemas com dinheiro. Se me faltarem 20 dólares, tenho de descobrir onde é que me faltam. Por vezes, o gerente ajuda-me com isso. (Estagiário A)

As minhas competências financeiras incluíam aprender a afetar dinheiro do orçamento - financiamento a partir de um orçamento limitado. As situações de gestão financeira implicavam a tomada de decisões sobre a afetação de recursos financeiros limitados. Foi utilizada uma fórmula para ajudar na afetação. (Estagiário B)

Aprendi sobre a importância da estabilidade financeira no restaurante C. Só abriram o restaurante depois de terem construído uma forte relação com os seus clientes de catering. Isto permitiu-lhes continuar a utilizar o catering como principal fonte de rendimento, o que aliviou a pressão sobre o restaurante. Na AB, aprendi como é necessário controlar rigorosamente as despesas de arranque e poupar as receitas obtidas com as vendas. Foi uma lição valiosa aprender o que pode acontecer quando se gasta demasiado dinheiro no início e não se tem um rendimento estável a fluir para o negócio. (Estagiário E)

O caminho para a aquisição de competências financeiras foi observado numa situação de back-of-the-house para a estagiária E. Ela foi capaz de compreender as despesas no restaurante com base numa análise custo-benefício que discutiu relativamente aos seus recursos. Diz ela: O restaurante C não tem máquina de lavar louça mecânica. Tudo, desde panelas a frigideiras, pratos a baldes de autocarro, é lavado à mão por uma pessoa. Recentemente, o Chefe D pediu ao lavador de loiça para secar tudo com toalhas de papel em vez de toalhas (de loiça). Para mim, não faz sentido desperdiçar toalhas de papel, que custam muito dinheiro, em vez de utilizar uma toalha que já foi comprada e que lavamos nas nossas instalações. Penso que foi um investimento muito sensato para os proprietários terem uma máquina de lavar e secar roupa nas instalações. No meu último local de trabalho, contratámos uma empresa para lavar toalhas e aventais; era uma despesa enorme.

Esta constatação indica que os estagiários viveram situações em que foram adquiridas ou reforçadas competências-chave de liderança. Os estagiários discutiram situações em que a resolução de problemas, as capacidades analíticas e as competências financeiras e técnicas foram adquiridas a vários níveis. Kay & Moncarz (2004) identificaram estas competências como fazendo parte das aptidões mais reconhecidas dos líderes do sector hoteleiro. Os estagiários destacaram a forma como melhoraram as suas capacidades de pensamento estratégico, resolveram problemas operacionais com pouca ou nenhuma supervisão e ganharam experiência em primeira mão com responsabilidades financeiras. Este conjunto específico de competências encontra-se entre as KSA colectivas classificadas como as mais importantes para o sucesso da gestão hoteleira.

Conclusão n.º 2: Kay e Moncarz (2004) identificaram o marketing e a tecnologia da informação, ou competência técnica, como uma competência essencial para os gestores e líderes do sector da hotelaria. No entanto, a maioria dos participantes neste estudo indicou que, apesar de terem tido alguma exposição a essas áreas durante o estágio, não houve tanta oportunidade para desenvolver essas competências (p. 64).

O estagiário A indicou que "a prática e a repetição melhoraram as minhas competências técnicas" e o estagiário B afirmou que "o Excel (software) foi a competência informática mais importante que aprendi". Ambos exprimiram deficiências nos seus locais de estágio e na sua competência pessoal em matéria de competências técnicas. O estagiário A afirmou que "vejo necessidade de mais tecnologia (no restaurante) porque há mais empregados do que caixas registadoras". O estagiário B afirmou que "a minha experiência em Excel não é um dos meus pontos fortes. No futuro, gostaria de frequentar outra aula de Excel para melhorar as minhas capacidades. Acredito firmemente que o Excel precisa de ser incluído no nosso (programa de gestão hoteleira na SEMO).

Outros estagiários falaram das suas experiências com o desenvolvimento de competências técnicas, que incluíam a utilização da Internet para recursos e pesquisa; ter conhecimentos em sistemas de reservas; e um conhecimento prático do produto-serviço (Kay & Russette (2000), (Kay e Moncarz (2004). Os entrevistados expressaram a sua falta de crescimento nesta área da seguinte forma:

Não melhorei muito as minhas competências tecnológicas. Utilizei algumas máquinas novas e equipamento diferente de vez em quando, mas não diria que as minhas competências tecnológicas melhoraram drasticamente. (Estagiário E)

As minhas competências em tecnologias de informação são praticamente as mesmas que tinha antes de começar o meu estágio. A única área em que adquiri alguns conhecimentos foi na utilização da intranet da empresa. É o que chamamos de hub e contém os nossos horários e tudo o que diz respeito à empresa sobre o qual eu possa ter alguma dúvida. (Estagiário D)

Algumas competências técnicas que aprendi são a utilização do sistema de reservas em linha chamado Webervations. Com isto, sei como ver a disponibilidade de quartos se as pessoas telefonarem com uma reserva, e também posso ver e obter as reservas que as pessoas fazem online no sítio Web. Outra competência técnica que aprendi é o Word Press. É assim que se cria e actualiza a página Web com alterações. Por isso, aprendi a utilizá-lo. Mas acho que (as minhas competências tecnológicas) podiam ser definitivamente melhores. O meu estágio não melhorou realmente essas competências. Senti que era eu que estava a ensinar as competências tecnológicas a outras pessoas. (Estagiário C)

A maioria dos estagiários (4 de 6 [66%]) não identificou as competências de marketing, um dos domínios KSA considerados importantes desenvolvidos por Kay e Moncarz (2004), como um objetivo ou meta para eles pelo seu supervisor de estágio. Na maioria dos casos, os estagiários manifestaram muito pouca exposição a oportunidades para desenvolver as capacidades relacionadas com o marketing, tais como: desenvolver estratégias promocionais e de relações públicas, promover e vender produtos e serviços e estabelecer objectivos de marketing exequíveis. O estagiário A respondeu à pergunta sobre a abordagem da direção em relação ao marketing dizendo que "não dizem que é preciso "comercializar" - é utilizada a palavra upsale", o que sugere que não foi utilizada uma abordagem formal à comercialização de produtos e serviços. De um modo geral, as respostas dos estagiários indicam que os seus locais de estágio não tinham

O desenvolvimento de competências de marketing e vendas era um objetivo para eles, ou os estagiários não puderam participar nessa função durante o âmbito desta investigação específica. Os estagiários expressaram a sua experiência com os esforços de marketing de forma sucinta:

Melhorei a minha capacidade de falar sobre os diferentes produtos e serviços oferecidos pela empresa, mas, para além disso, as minhas competências de marketing não mudaram. (Estagiário D)

O proprietário também me pediu para fazer panfletos sobre eventos especiais que vão ter e pediu-me para os colocar no Facebook, uma vez que ele não sabe utilizar o Facebook. Este é o único tipo de marketing que utilizámos. (Estagiário C)

A estagiária E observou falhas no marketing e aprendeu o valor do marketing através da comparação dos seus dois locais de estágio:

Na AB, observei um novo restaurante a tentar fazer marketing para manter as vendas em alta.

Na C, foi interessante para mim o facto de não terem feito qualquer tipo de marketing, mas terem confiado no boca-a-boca. Aprendi como o marketing pode ser importante para diferentes grupos demográficos. As famílias com rendimentos mais elevados não estão à procura de um negócio, mas sim de uma noite fora para se mimarem. C aproveitou este facto, fornecendo refeições para a área médica e confiando no boca-a-boca dos médicos para o seu restaurante. AB fez marketing colocando panfletos nos carros que estavam estacionados no parque de estacionamento da igreja, anunciando a sua presença no brunch de domingo. Para mim, isto era foleiro e não foi bem pensado. (Estagiário E)

Terceira conclusão: Todos os seis estagiários identificaram as aptidões interpessoais como competências que foram adquiridas durante a experiência de estágio.
As competências interpessoais são um dos domínios e áreas funcionais da gestão e da liderança. As competências interpessoais que são essenciais para o desenvolvimento da gestão incluem: Comunicação oral e capacidade de escuta, capacidades centradas no colaborador, trabalho em equipa, criação de relações positivas, relações centradas no cliente e resolução de conflitos com uma abordagem de resolução win-win-resolution. O desenvolvimento de competências interpessoais pelos estagiários teve um eco positivo nas suas respostas. Todos os seis estagiários descreveram oportunidades para desenvolverem as suas competências interpessoais com os empregados e os clientes, bem como os desafios que encontraram com os seus objectivos interpessoais. A maioria dos estagiários descreveu as suas competências interpessoais como tendo melhorado durante o estágio. Sobre esta constatação, o estagiário A comentou: "As minhas competências interpessoais mudaram. Tenho tendência para falar com as pessoas com mais frequência e consigo perceber se uma pessoa está de bom ou mau humor e posso ajustar a minha resposta às suas perguntas." A estagiária E falou sobre o que aprendeu em matéria de relacionamento com as pessoas:
Aprendi a ter uma mente mais aberta para as pessoas e a não julgar a forma como as pessoas vivem as suas vidas. Sempre fui capaz de me relacionar com as pessoas, mas através das minhas experiências de estágio consigo agora relacionar-me mais facilmente com as pessoas.

Na sua esmagadora maioria, o trabalho em equipa foi identificado como uma área de importância nos estágios. Dois estagiários referiram o seu conforto no desenvolvimento das suas competências orientadas para a equipa e como as actividades em equipa foram benéficas para a sua aprendizagem:

Sinto-me muito à vontade a trabalhar em situações de equipa, pois é nisso que consiste a maior parte do meu trabalho. É necessária uma equipa para carregar e descarregar os barcos a tempo de manter o rio em movimento. Todos os funcionários contam uns com os outros para garantir que os locais são movimentados atempadamente e para assegurar que a atração continua a funcionar. (Estagiário D)

As equipas em que trabalhei foram muito benéficas para a minha aprendizagem. Sem as pessoas com quem trabalhei a apoiarem-me, a orientarem-me e a ensinarem-me, não teria tido sucesso nesta área. Aprendi que construir relações com as pessoas que trabalham consigo, para si e sob a sua orientação pode ser o fator mais importante para o sucesso de uma empresa. (Estagiário E)

A estagiária A exprimiu a sua capacidade de liderar uma equipa e de aceitar situações maiores e mais complicadas:

Trabalho bem com a equipa. Trabalho frequentemente com outro servidor. Normalmente lidero a equipa porque quero que tudo corra bem. Sei quais são os meus pontos fortes e o que quero alcançar. No início tinha medo de grupos grandes, agora prefiro-os. Agora dou mesas mais pequenas a outros e assumo questões maiores e complicadas. Sou capaz de simplificar.

No entanto, houve algumas barreiras na formação de equipas e nos encontros centrados nos trabalhadores. A maioria dos estagiários referiu como ultrapassou os desafios de personalidade com os funcionários para criar uma melhor comunicação. Algumas das barreiras que os estagiários ultrapassaram são:

O conflito de personalidades com um empregado constituiu um obstáculo à aprendizagem. A intimidação foi inicialmente um problema. Tive de superar, manter-me firme e utilizar factos para comunicar com essa pessoa. (Estagiário B)

A certa altura, senti que o meu colega na minha estação me estava a sufocar, pelo que precisava dele para continuar a fazer certas coisas. Acabei por falar com ele e disse-lhe que não estava ali para ocupar o seu espaço, mas sim para aprender, de modo a poder fazer tudo sozinha. Penso que a abertura para comunicar com as pessoas é muito importante, especialmente neste domínio, em que o orgulho e as atitudes assertivas podem ser um obstáculo. (Estagiário E)

Os obstáculos ao desenvolvimento da minha liderança seriam a falta de confiança dos outros empregados. Eles acham que não estou cá há tempo suficiente ou que não tenho conhecimentos suficientes para saber o que estou a fazer. Tenho de provar que não vou fazer asneiras sempre que me dão algo novo para fazer. (Estagiário D)

Há uma coisa que não me satisfaz. É que nós, empregados, lavamos os pratos e outros utensílios que são utilizados pelo cozinheiro quando não temos tarefas na sala de jantar. No entanto, o cozinheiro não os lava, mesmo quando não tem nada para fazer, e fuma tabaco lá fora e senta-se na cadeira. Penso que a entreajuda é muito importante no trabalho. (Estagiário F)

Um estagiário fez uma sugestão sobre a abordagem da direção em relação à comunicação com os empregados. O estagiário D sugeriu que a direção considerasse a possibilidade de alterar o processo de comunicação utilizado pelos trabalhadores para falar com as chefias: A única questão que poderia ser alterada na gestão geral é a comunicação entre as chefias e os trabalhadores. Embora os trabalhadores sejam encorajados a falar com a direção se tiverem uma sugestão ou uma queixa, há muitas vezes um problema com o facto de se encontrarem cara a cara com a direção para transmitir a questão. É frequente haver confusão quanto ao gestor disponível para falar, uma vez que estes trabalham em três turnos diferentes durante o dia. Se um trabalhador tiver sorte, pode conseguir falar com o seu diretor preferido durante o seu tempo livre. Para melhorar esta situação, eu tornaria os diretores mais disponíveis para os trabalhadores, quer através de um horário de expediente de porta aberta, quer simplesmente tornando-os mais visíveis na atração ao longo do dia.

Vários dos estagiários discutiram incidentes que envolviam a correção de comportamentos indesejáveis, quer com empregados quer com clientes. O Modelo de Competências de Estágio em Alojamento proposto por Solnet, D. et, al, (2009) sugere que existem factores que terão impacto no desenvolvimento de competências durante o estágio. A avaliação e reflexão pelos estagiários das competências interpessoais ou relacionadas com os recursos humanos é um desses factores. A estagiária A fez observações sobre o comportamento do diretor que considerou pouco profissional e indesejável. Avaliou as competências interpessoais demonstradas por um diretor e sugeriu uma abordagem de reforço positivo aos incidentes relacionados com os trabalhadores:

No restaurante, há assistentes de direção que são chamados "porta-chaves". Quando "K" ou "C" estão a organizar as coisas na parte de trás da casa, eles estão na parte da frente da casa a tratar do que "K" normalmente estaria a fazer. Há um detentor de chaves em particular que posso dizer que é o seu primeiro emprego em que tem alguma autoridade sobre um grupo de pessoas e isso sobe-lhe à cabeça. Dizem-nos para mantermos um ambiente profissional com os nossos hóspedes e colegas de trabalho. No entanto, ele tem tendência para dizer palavrões e queixa-se sempre que alguém lhe pede para fazer alguma coisa. Ele usa o reforço negativo e aponta sempre o que fazemos de errado. Não me importo de ser criticado por coisas que faço mal, mas sempre que o ouço dizer "estes malditos novos, juro", vou ter um problema com ele. Também já ouvi queixas de outros servidores, por isso não sou o único. Não quero necessariamente que ele seja despedido; só quero que ele respeite as regras, os seus colegas de trabalho e use mais reforços positivos em vez de estar constantemente a ser uma "Nancy negativa".

A estagiária F salienta o facto de o seu chefe estar a "ser simpático" com os empregados quando o seu comportamento sugeria a necessidade de ser menos indulgente. Identificou situações em que outros empregados estavam "na cozinha a responder a mensagens de texto, no exterior a fumar tabaco quando a sua ajuda era necessária no interior do restaurante, e a telefonar a dizer que estavam doentes quando sabiam que isso deixaria apenas um empregado a trabalhar na sala de jantar". Ofereceu sugestões para o proprietário relativamente a este problema:

Não sei porque é que a proprietária contrata estes trabalhadores. No entanto, penso que ela não os deixa despedir-se. Ela sabe que existem alguns problemas mas não diz nada. É muito simpática e amável mas, por vezes, é incorrecta como gestora. Penso que ela devia obrigá-los a mudar ou tentar despedi-los.

Dado que todos os estagiários adquirem alguma experiência no desenvolvimento das suas competências interpessoais, é evidente que esta competência é reconhecida por cada estagiário como valiosa. A maioria dos estagiários referiu que tinha melhorado esta competência, bem como enfrentado desafios no processo.

Quarta conclusão: Todos os estagiários (6/6) identificaram conhecimentos específicos, competências ou capacidades adquiridas e resultados de aprendizagem alcançados após a conclusão do estágio. Os estagiários indicaram também, na sua esmagadora maioria, que foram necessárias mudanças no seu estilo de vida pessoal e na sua vida quotidiana para poderem participar plenamente no estágio.

Houve uma consistência notável com os estagiários nas suas discussões sobre as mudanças que tiveram de adotar para concluir o estágio. Quase todos (5/6) os estagiários mencionaram o desenvolvimento de competências de adaptação e o ajustamento à mudança necessária para atingir as suas metas e objectivos. A estagiária D expressou o grau de adaptação que teve de adotar, afirmando "Até agora, as primeiras três semanas do meu estágio exigiram uma curva de aprendizagem gigantesca." Os seus comentários ilustram o impacto que algumas das mudanças tiveram na sua rotina:

Tive de mudar de rotina todos os dias no bed & breakfast. Todos os dias eram diferentes, por isso tinha de esperar para ver quais seriam as minhas tarefas do dia. Aceitei bem a mudança. Fiz sempre as tarefas que tinha de fazer nesse dia. (Estagiário C)

A Time & Travel foi uma grande quebra de rotina. Tive de me adaptar a um dia de trabalho de 9 horas e a um horário diário. Todo o meu estilo de vida mudou devido ao estágio. O "J" (o diretor) pôs-me à prova para aprender coisas com as quais não me sentia à vontade. Precisava de um pequeno empurrão. Por vezes, fui realmente desafiado. Este foi um estágio de "consciencialização". (Estagiário B)

Este estágio fez algumas mudanças no meu estilo de vida e na minha vida pessoal porque tenho muitos amigos que não são japoneses. Mudou a minha maneira de pensar sobre a cidade e confirmou a minha escolha de carreira. O estágio não mudou a minha maneira de pensar sobre o meu trabalho no futuro, mas mudou a minha maneira de pensar sobre o Cabo, porque eu queria sair daqui o mais depressa possível. (Estagiário F)

Foi interessante ouvir como os estagiários resumiram o seu estágio e as interações e situações que foram mais úteis para a sua experiência de aprendizagem. O estagiário B disse-o de forma simples: "A auto-motivação ajudou-me a aprender muito do que aprendi." Alguns dos estagiários reconheceram que a experiência de aprendizagem teve alguns momentos negativos e que alguns deles tiveram dificuldades com as suas novas responsabilidades. Em geral, os estagiários manifestaram gratidão e apreço pela oportunidade de estágio. Algumas das formas como os estagiários resumiram o que foi mais útil para a sua experiência de aprendizagem são as seguintes

Apesar de haver algumas coisas negativas neste estágio, não faz mal porque também há muitas coisas positivas. Estou a aprender muito sobre hospitalidade.
Sinto que estou a ter uma experiência completa em muitas áreas. (Estagiário C)

A coisa mais útil para mim na aprendizagem de novas competências no meu estágio foi a experiência de aprendizagem prática. Deu-me a oportunidade de pôr em prática o que estava a aprender à medida que o fazia. Além disso, a aprendizagem prática ajudou-me a lembrar como é que cada posição devia ser feita, porque eu

realizei repetidamente cada ação várias vezes antes de aprender um novo ponto. (Estagiário D)

Na AB fui atirado para a posição, não tive oportunidade de aprender porque é que estava a fazer as coisas de uma forma ou de outra. Na C, o meu supervisor era mais um professor. Estou grato por ambas as oportunidades porque ambas me ensinaram lições valiosas. Na AB aprendi fazendo e na C aprendi porquê. Outra coisa que aprendi foi pedir sempre uma demonstração ou como gostariam que as coisas fossem feitas. O Chefe D tinha brincado que conseguia distinguir as pessoas que tinham frequentado uma escola de culinária das que não tinham frequentado apenas pedindo-lhes para fazerem pão. Ele disse que os licenciados em culinária fariam todos uma massa padrão semelhante, enquanto o que não tinha frequentado uma escola de culinária perguntaria que tipo de pão fazer. Depois dessa discussão, prometi a mim próprio perguntar sempre. (Estagiário E)

Aprendi muitas coisas durante o estágio. Penso que o mais importante é estar sempre com um sorriso para toda a gente, não só para os clientes. Penso que a comunicação dos trabalhadores com sorrisos cria um bom ambiente (no) restaurante e pode deixar os clientes mais à vontade. (Estagiário F)

A estagiária D também salientou o que descobriu sobre si própria durante o estágio e como estava grata por ter tido esta oportunidade. Ela menciona a hesitação que teve em estar longe de casa para completar o estágio:
Estou grato por ter feito o meu estágio no (grande parque de diversões). Proporcionou-me muitas experiências, tanto boas como más. Enquanto trabalhava aqui, aprendi mais sobre mim próprio e sobre o que sou capaz de fazer. Também fiz muitos amigos fantásticos e memórias que ficarão comigo para o resto da minha vida. Sinceramente, acho que não trocaria esta experiência por nada no mundo. Estava hesitante quanto a estar tão longe de casa, mas provei definitivamente a mim própria, à minha família e aos meus amigos que sou totalmente capaz de tomar conta de mim própria enquanto trabalho para um dos empregadores mais conhecidos do mundo, um rato.

Enquanto uma estagiária expressou a gratidão que sentiu ao aprender com dois gestores diferentes de uma forma que melhorou a sua aprendizagem, a estagiária A comentou como não sentiu que os seus dois gestores passaram tempo suficiente a explicar as tarefas envolvidas no trabalho e porque é que as coisas eram feitas da forma que eram. Ela racionaliza o processo da seguinte forma:

Senti que A & J (os gerentes) não tiveram tempo suficiente para explicar o que estavam a fazer e porque o faziam. Quando perguntei qual era a forma correta de tratar os recibos ao fazer um "pacote", responderam: "Cada um faz à sua maneira, mas é assim que eu faço". A & J fizeram-no de forma diferente. Suponho que este é um daqueles exemplos em que não é tão importante saber como se chega à resposta, desde que se faça corretamente.

A estagiária C resumiu a sua experiência de estágio de uma forma que pode apoiar ainda mais a facilidade com que sentiu que se adaptou às mudanças diárias e às situações por vezes negativas que ocorreram:

Vou concluir com uma letra dos Rolling Stones: "You can't always get what you want. Nem sempre se consegue o que se quer. Nem sempre se consegue o que se quer, mas se tentarmos, às vezes, bem que podemos descobrir... Consegues o que precisas!" Sinto que esta letra é muito importante para o estágio e para a vida em geral.

A estagiária B comentou que sentiu que tinha novas competências de liderança após a conclusão do estágio e identificou especificamente as seguintes competências e caraterísticas: "Paciência, compreensão, não estar mais ansiosa, capacidade de ouvir, constrangimento e análise"

A estagiária D concluiu os seus comentários afirmando que reconhecia a correlação entre o seu diploma de gestão hoteleira e o crescimento que experimentou durante o estágio:

Sinto-me definitivamente mais confiante em mim próprio. Já era bastante confiante antes, mas agora tenho experiência de trabalho num cargo que está relacionado com o grau que estou a obter. Aprendi a confiar mais nos meus instintos e a não me questionar sobre as decisões que tomo em relação ao trabalho. Também descobri que estou disposta a correr mais riscos se achar que terão bons resultados.

Conclusão Cinco - Os supervisores que apresentaram avaliações do desempenho dos estagiários fizeram comentários geralmente positivos e encorajadores sobre o desenvolvimento das suas capacidades de liderança e o seu desempenho global. Todos os supervisores indicaram que, no futuro, acolheriam mais estagiários do programa de gestão hoteleira da Southeast Missouri State University.

Os comentários reflectem o apreço pelas contribuições dos estagiários para a organização e observações sobre os seus pontos fortes, bem como recomendações para aprendizagem e desenvolvimento futuros. O presidente e diretor executivo de um local de estágio afirmou o seguinte:

Foi um prazer ter a (estagiária B) no nosso gabinete. Tentámos expô-la ao maior número possível de aspectos do nosso procedimento administrativo, incluindo, entre outros, os recursos humanos, a tecnologia e o departamento fiscal. Também me ajudou a planear o pessoal exercícios de formação de equipas e entrevistas

workshop de uma apresentadora da Universidade do Alabama. Agradecemos a oportunidade de ter trabalhado com ela.

Também classificou o seu desempenho como "excelente" nas seguintes áreas: Foco no serviço ao cliente, capacidade de resolver problemas de forma eficaz, competências de vendas e marketing, capacidade de trabalhar em equipa, capacidade de construir relações, capacidade de lidar com o stress ou conflitos e vontade de aprender.

O proprietário de um restaurante de cozinha internacional classificou o estagiário F como "excelente" no seu desempenho global. Os seus comentários foram os seguintes:

O desempenho (da estagiária F) no (restaurante) é superior. É difícil para mim determinar qualquer área em que ela possa precisar de melhorar. O seu desejo de aprender mais línguas revelar-se-á um trunfo valioso e espero que ela continue a melhorar profissionalmente, bem como a sua versatilidade na capacidade de comunicar globalmente através de línguas estrangeiras e da compreensão de culturas estrangeiras.

O seu desempenho foi avaliado em termos da sua capacidade de comunicar, prestar serviço ao cliente, resolver problemas de forma eficaz, capacidade de trabalhar em equipa, capacidade de gerir transacções financeiras e vontade de aprender. A sua avaliação reflectiu a atenção dada a essas competências.

O estagiário C também recebeu uma avaliação que reflecte um desempenho global de "excelente". O proprietário do bed & breakfast comentou:

Foi a melhor estagiária que já tive. Era uma alegria tê-la por perto e nós precisávamos muito dela. Seguia bem as instruções e estava disposta a fazer tudo o que fosse necessário para que os hóspedes tivessem uma boa experiência. Gostaria de sugerir que ela se esforçasse por falar mais alto. Era um pouco passiva e não pedia as coisas de que precisava. Expliquei-lhe que teria de aprender a falar mais alto e a defender-se, a ser um pouco mais assertiva, se quiser estar no comando.

Os comentários do avaliador indicaram que os estagiários conseguiram atingir um certo nível de desenvolvimento de competências, particularmente nas áreas consistentes com as competências desejadas de liderança em gestão hoteleira .

Dois dos supervisores fizeram uma avaliação mais equilibrada dos estagiários. O sócio-gerente da churrascaria onde a estagiária A completou o seu estágio classificou-a como satisfatória na capacidade de comunicar eficazmente, na capacidade de gestão do tempo, na capacidade de resolver problemas, nas competências de vendas e marketing, na capacidade de construir relações e na vontade de aprender. Classificou-a como "acima da média" na sua capacidade de trabalhar em equipa, na sua capacidade de lidar com o stress e os conflitos, na sua capacidade de pensar estrategicamente e na sua capacidade de lidar com clientes insatisfeitos. Afirmou:

(Estagiária A) é muito boa a aprender sistemas e a gerir-se a si própria. Precisa de mais formação em gestão global. Recomendo-lhe que se concentre na gestão de pessoas e que adquira mais experiência na parte de trás da casa.

Os seus comentários indicam que a estagiária A foi avaliada nas competências que foram identificadas como as competências desejadas pelos profissionais da hotelaria e restauração. No entanto, sugere que ela continue a trabalhar na "gestão de pessoas", o que sugere que as suas competências interpessoais ainda precisam de ser desenvolvidas.

A estagiária D foi avaliada pelo supervisor de um grande parque de diversões em Orlando, Florida, relativamente às competências da empresa. O seu desempenho foi classificado numa escala de "fora do caminho, ficando para trás, e no caminho certo, avançando ou liderando".

Foi classificada como "No bom caminho" nas seguintes áreas: pensa estrategicamente, inspira a criatividade e a inovação, cria equipas, constrói relações, comunica eficazmente, defende a mudança, obtém resultados, promove a diversidade da força de trabalho e demonstra excelência profissional. Foi classificada como "Moving Ahead" na prestação de um serviço excelente e na demonstração de competência técnica e funcional. Os comentários do supervisor foram os seguintes

Tenho de agradecer muito ao (estagiário D) por todo o seu trabalho árduo connosco neste último semestre no (parque). Desde o início do seu programa universitário, foi visto a exibir as Quatro Chaves do Serviço: Segurança, Cortesia, Espetáculo e Eficiência, e continuou esta dinâmica até ao final do seu programa. Durante o período em que lá esteve, assistiu a uma temporada de primavera que bateu um recorde de assistência no parque temático mais movimentado do mundo e pode contar com um sorriso no rosto e um bom trabalho com os seus colegas! No entanto, ainda existem algumas oportunidades para ser mais proactivo na procura de interações com os seus líderes, uma vez que o seu comportamento algo tímido impediu que alguns membros da equipa o conhecessem verdadeiramente. Dito isto, classificámo-lo com uma classificação geral de "no bom caminho" e estamos ansiosos por vê-lo de volta e a trabalhar connosco numa capacidade sazonal!

A avaliação forneceu algumas informações sobre as contribuições feitas pelo estagiário, áreas a melhorar, bem como o que parece ser uma porta aberta para regressar à empresa, pelo menos como empregado sazonal.

Resumo

As principais conclusões desta investigação foram que os participantes neste estudo conseguiram adquirir vários graus de liderança e competências interpessoais durante a sua experiência de estágio. Os estagiários descreveram numerosas oportunidades para desenvolver as suas competências de liderança relacionadas com a análise, a resolução de problemas e as competências e capacidades financeiras. Esta constatação é significativa porque estas competências estão alinhadas com modelos de competências orientados para o futuro no sector da gestão hoteleira. Todos os estagiários discutiram o seu conforto e desafios no desenvolvimento de competências interpessoais essenciais, como a formação de equipas, a comunicação, o serviço ao cliente e as relações com os empregados. Os estagiários descreveram o seu conforto em situações de equipa e no desenvolvimento de relações positivas com os empregados, incluindo amizades. Apresentaram uma perspetiva das competências de comunicação do seu supervisor e da forma como compreenderam o valor das competências interpessoais. Os resultados também indicaram que a maioria dos estagiários não adquiriu competências em matéria de marketing e tecnologia. Estas duas competências, que foram identificadas como competências de liderança desejadas, não foram reforçadas pelas suas experiências de estágio.

Os estagiários também enfrentaram muitos desafios. Descreveram a sua luta com a quantidade de novos conhecimentos que tinham de aprender e as mudanças exigidas nas suas vidas pessoais para se adaptarem às responsabilidades do estágio. A maioria dos supervisores de estágio afirmou que os estagiários eram valiosos para a sua organização e classificou-os de moderado a elevado na obtenção de competências de liderança, reconhecendo, no entanto, que mais aprendizagem seria benéfica para o seu sucesso global.

CAPÍTULO V

ANÁLISE, INTERPRETAÇÃO, RESULTADOS, CONCLUSÕES E RECOMENDAÇÕES

O objetivo deste estudo de caso era obter mais conhecimentos sobre a relação entre a aprendizagem experimental e a obtenção de competências de liderança. Este estudo explorou as percepções de seis estagiários de um programa de estágio em gestão hoteleira sobre as competências de liderança que adquiriram durante o estágio.

O investigador compreendeu melhor a forma como os estagiários adquiriram as aptidões identificadas como competências de gestão e liderança para o sector da hotelaria. O investigador também adquiriu conhecimentos sobre as percepções de aprendizagem que ocorrem no ambiente de aprendizagem experimental e se os estudantes são capazes de integrar os seus conhecimentos da sala de aula no local de trabalho, bem como validou o conceito de que o modelo de competências é uma ferramenta benéfica que pode ajudar a identificar as KSA que os estudantes estão a alcançar e a utilizar durante o seu estágio. O investigador também adquiriu conhecimentos sobre a perceção do supervisor dos estagiários relativamente ao desenvolvimento das suas competências de liderança e gestão, bem como sobre o seu desempenho e crescimento geral durante o estágio.

Esta investigação recorreu a uma amostragem de conveniência e a um inquérito de estudo de caso para a recolha de dados sob a forma de entrevistas aprofundadas e de dados de apoio provenientes de documentos sob a forma de diários, trabalhos orientados para a gestão e relatórios de incidentes críticos. Os participantes neste estudo foram seis estudantes universitários que estavam a realizar o seu estágio em gestão hoteleira em vários locais relacionados com a hotelaria nos EUA. Os dados foram organizados e analisados de acordo com as categorias gerais relacionadas com as questões de investigação e, em seguida, codificados em subcategorias de acordo com os temas e conceitos que surgiram. Esta investigação baseou-se nas (6) questões de investigação:

8 . Como é que os estagiários percepcionam o seu crescimento como líderes durante a sua experiência de estágio em gestão hoteleira?

9 . Qual é a perceção que os estagiários têm das suas capacidades de comunicação?

10Qual é a perceção que os estagiários têm das suas competências interpessoais?

11Qual é a perceção que os estagiários têm das suas competências de gestão financeira?

12Qual é a perceção que os estagiários têm das suas competências em tecnologias da informação?

13Qual é a perceção que os estagiários têm das suas competências de marketing?

14Quais são as percepções do supervisor sobre as competências de liderança e os conhecimentos adquiridos pelos estagiários durante a experiência de estágio?

Estas questões de investigação serviram de base para as categorias que orientaram o estudo. Essas categorias foram depois utilizadas para codificar os dados que forneceram subcategorias para análise posterior. As subcategorias basearam-se nos conhecimentos, nas competências e nas capacidades alinhadas com as questões de investigação mais amplas. A análise de horizontalização e de agrupamento de significados foi efectuada nas várias subcategorias para permitir a emergência de temas e conceitos que formaram as conclusões. Os dados utilizados para este estudo incluíram entrevistas individuais e documentos, que revelaram a perceção dos estagiários sobre os conhecimentos, as competências e as capacidades que adquiriram durante o estágio. Os dados também incluíram as percepções do supervisor de estágio individual relativamente ao desenvolvimento das suas competências e desempenho geral. O investigador utilizou citações extensas dos estagiários para permitir ao leitor revelar a personalidade e o carácter de cada estagiário e para representar com precisão a sua experiência e percepções.

O capítulo anterior apresentou as cinco conclusões que emergiram deste estudo. As conclusões foram organizadas com base nas competências gerais de liderança, bem como nos temas que emergiram dos dados. O objetivo deste capítulo é fornecer uma interpretação e um resumo das conclusões. Este capítulo tentará integrar os resultados, fornecendo três subcategorias analíticas que sintetizam os cinco resultados numa análise mais holística. A categoria analítica I apresentará as competências de liderança e interpessoais que surgiram na primeira conclusão, e a lacuna que os estagiários discutiram na obtenção de outras competências de liderança da segunda conclusão. A Categoria Analítica II discutirá as competências interpessoais adquiridas na Conclusão Três e o crescimento pessoal e a adaptação à mudança que surgiram na Conclusão Quatro. A Categoria Analítica III discutirá as percepções dos supervisores de estágio sobre as competências de liderança adquiridas pelos estagiários. O capítulo também abordará as hipóteses formuladas no primeiro capítulo e discutirá a forma como os resultados podem ser semelhantes ou contradizer essas hipóteses. O capítulo concluirá com um resumo da interpretação e dos resultados e com recomendações futuras para os intervenientes na gestão hoteleira.

Categoria analítica 1: Ganhos e lacunas no desenvolvimento de competências de liderança em gestão hoteleira.

A principal conclusão do estudo foi que a maioria dos estagiários considerou que adquiriu aptidões que são competências de liderança valiosas para o sector da hotelaria. Esta conclusão é apoiada pelo facto de cinco em cada seis estagiários indicarem que tiveram a oportunidade de adquirir competências de resolução de problemas, analíticas e financeiras, que são competências de liderança essenciais, com base em modelos de competências orientados para o futuro. Parece que a auto-motivação desempenhou um papel importante para manter os estagiários concentrados nos seus objectivos. Quatro dos seis estagiários mencionaram que estavam auto-motivados, fazendo declarações como:

"Sou facilmente auto-motivado" (estagiário A); "Sou bastante bom em auto-motivação" (estagiário C); "Diria que sou bastante auto-motivado" (estagiário D); e "Já Aprendi muito sobre auto-motivação, a esforçar-me e a saber que muito trabalho árduo e paixão podem compensar" (estagiário E).

A auto-motivação desempenhou provavelmente um papel importante para os estagiários na manutenção da paixão e do entusiasmo no desenvolvimento das suas competências. Ao discutirem a forma como conseguiram atingir estas competências, os estagiários identificaram as experiências práticas e as observações que lhes permitiram aprender as competências. O estagiário D afirmou: "A coisa mais útil para mim na aprendizagem de novas competências no meu estágio foi a experiência de aprendizagem prática. Deu-me a oportunidade de pôr em prática o que estava a aprender à medida que o ia aprendendo". A maioria dos estagiários teve oportunidade de desenvolver as competências de liderança específicas de resolução de problemas, pensamento analítico e estratégico e exposição a decisões financeiras no âmbito do seu cargo de estagiário. O modelo de competências essenciais de Sandwith (1993) identificou várias competências essenciais no domínio da liderança. Essas competências essenciais incluem: demonstrar entusiasmo, reconhecer e resolver os problemas dos clientes e gerir os problemas dos clientes com compreensão e sensibilidade (Solnet, Kralji, Kay & DeVeau, 2009). Os estagiários discutiram os vários factores que influenciaram a forma como reconheceram e resolveram os problemas relacionados com os clientes:

O estagiário D afirmou que "as minhas capacidades de resolução de problemas melhoraram desde que me mudei para aqui (Florida) e o estagiário C comentou: "Utilizei as minhas capacidades de resolução de problemas quando (os proprietários) estavam ausentes e eu tinha de fazer o check-in dos hóspedes e tratar das transacções financeiras - tinha de descobrir o que fazer".

A exposição dos estagiários a oportunidades de pensamento analítico ou estratégico pareceu estar limitada, na maioria dos casos, a situações relacionadas com os clientes. Discutiram as suas experiências ao aprenderem a analisar uma mesa/convidado ou quando fazer ajustes na atração para melhor acomodar os convidados. Algumas das competências analíticas adquiridas foram pessoalmente benéficas, bem como relacionadas com os clientes. O estagiário E comentou: "Melhorei realmente o meu raciocínio na cozinha, aprendendo por que razão as coisas eram feitas de determinada forma e utilizando o raciocínio estratégico para melhorar o meu próprio tempo de produção".

O conhecimento da gestão financeira é considerado uma competência desejável para o sucesso da gestão e da liderança (Kay & Moncarz, 2004). As competências específicas identificadas por Kay e Moncarz incluem o planeamento e a orçamentação, o conhecimento de análises financeiras e operacionais, a gestão do fluxo de caixa e o controlo dos custos. Os estagiários discutiram as suas observações e percepções das situações de gestão financeira com que se depararam. O estagiário B trabalhou com um orçamento e teve a oportunidade de tomar decisões relativas à afetação do orçamento. Os estagiários A e F trabalharam ambos com gavetas de dinheiro diárias nos seus restaurantes de perspetiva. O estagiário C geriu transacções financeiras, teve acesso a informações financeiras sobre o alojamento e pequeno-almoço e fez observações sobre a gestão financeira diária. O estagiário A pôde observar de perto os custos financeiros envolvidos num novo negócio, bem como compreender as finanças envolvidas numa operação bem sucedida a longo prazo. Embora o estagiário D não tenha tido a oportunidade de ter uma experiência financeira direta ou prática, parece que adquiriu alguma consciência financeira relativamente aos salários dos empregados. Afirmou: "Fiquei muito surpreendida com o facto de os coordenadores da minha atração ganharem apenas mais um dólar do que eu por hora. Eu pensaria que, sendo responsáveis por uma atração, eles ganhariam pelo menos alguns dólares a mais do que eu". Parece que todos os estagiários tiveram alguma exposição às competências financeiras essenciais, alinhadas com as desejáveis competências de liderança em gestão hoteleira.

Kay e Moncarz (2004) também identificaram o marketing e a tecnologia da informação como KSA da hospitalidade. As competências de marketing incluem o desenvolvimento de estratégias promocionais e de relações públicas, a utilização de técnicas de vendas e o estabelecimento de objectivos mensuráveis e exequíveis. As competências em tecnologia da informação incluem a utilização do correio eletrónico e da Internet para obter recursos e fazer pesquisas, ter conhecimentos sobre sistemas de gestão de propriedades e software de aplicação operacional. A segunda conclusão é que a maioria dos estagiários referiu a falta de oportunidades para desenvolver competências técnicas e de marketing. Embora tenha havido algumas oportunidades de exposição a estas duas áreas, continua a existir uma lacuna entre a profundidade e o âmbito em que outras competências de liderança foram alcançadas.

Apenas um estagiário referiu uma exposição limitada ao desenvolvimento de competências nestas duas áreas durante o seu estágio. A maioria dos estagiários descreveu a sua exposição à tecnologia como a utilização de dispositivos simples, como caixas registadoras, e software informático básico, como o Excel. A estagiária E comentou que "utilizou algumas máquinas e equipamento diferente, mas não diria que as minhas competências tecnológicas melhoraram drasticamente". O estagiário E realizou o seu estágio num restaurante, o que poderá explicar a sua utilização limitada das tecnologias da informação. No entanto, foram feitos comentários semelhantes pelos estagiários que trabalharam noutros segmentos da indústria hoteleira. Os estagiários utilizavam as redes sociais, mas os seus comentários indicavam que as organizações as utilizavam com moderação ou que os gestores ainda estavam a desenvolver essa ferramenta técnica e de marketing na organização. Além disso, as oportunidades para melhorar as competências de marketing também eram limitadas. Os estagiários identificaram situações em que os esforços de marketing não eram tão avançados como a situação poderia exigir. Na maioria dos casos, os estagiários mencionaram que não desenvolveram estas competências devido à falta de exposição a estas oportunidades com base no trabalho que lhes foi atribuído ou que o seu supervisor de estágio não tinha experiência suficiente nestas competências para os ajudar com esta competência.

Categoria analítica 2: Desenvolvimento de competências interpessoais e crescimento pessoal. Todos os estagiários tentaram aprender competências interpessoais e parecem ter adquirido algumas competências associadas às competências interpessoais. Quatro dos seis estagiários discutiram os desafios que encontraram para melhorar a comunicação e as competências interpessoais, que são competências fundamentais associadas à liderança. Os estagiários fizeram observações sobre o estilo de comunicação do seu diretor que os ajudaram a compreender a importância de os líderes desenvolverem boas competências interpessoais. O estagiário E afirmou: "na AB, testemunhei a importância de os gestores serem capazes de comunicar uns com os outros". O estagiário D comentou: "as minhas competências interpessoais mudaram. Tenho tendência para falar com as pessoas com mais frequência". Os estagiários deram respostas consistentemente afirmativas quando questionados sobre o desenvolvimento das suas competências de comunicação. Os comentários incluem: "Penso que as minhas competências de comunicação mudaram durante o meu estágio"; "As minhas competências de comunicação mudaram - tornei-me mais paciente e mais extrovertido"; e "Aprendi a comunicar melhor com a parte da frente da casa". Sandwith (1993) identifica as aptidões interpessoais como uma competência essencial, e essas aptidões incluem a comunicação cara a cara, a comunicação oral, a capacidade de ouvir e a capacidade de resolver conflitos.

Os estagiários também falaram da sua experiência com a formação de equipas e com o desenvolvimento de relações com as chefias e os colegas de trabalho. A construção de redes é uma dimensão do desenvolvimento de competências interpessoais (Chung-Herrera, Enz e

Lankau, 2003). Os estagiários parecem ter desenvolvido competências de construção de equipas quando comentam que trabalham bem com equipas, expressando conforto nas suas situações de equipa. Os estagiários deram exemplos de algumas situações em que se depararam com desafios com um determinado membro da equipa, embora não pareça que os desafios com um membro tenham interferido com a sua capacidade de obter algum desenvolvimento nas relações de equipa.

A maioria dos estagiários experimentou crescimento pessoal e mudanças nas suas vidas durante o estágio. Todos os estagiários indicaram que as suas rotinas diárias mudaram e que o estágio exigiu um ajustamento significativo das suas vidas. Sandwith identificou a adaptação criativa à mudança como um domínio de competência de liderança intitulado "criativo". A adaptação à mudança é identificada como uma competência essencial. O estagiário A comentou que "Inicialmente, pensei que a mudança de rotina seria difícil. Estava hesitante no início, mas estou a gostar mais da nova rotina". Parece que acrescentar mais horas de trabalho ao dia foi um ajustamento para a maioria. É improvável que os estagiários tenham trabalhado anteriormente as 40 horas semanais que se espera deles durante o estágio, o que pode ter resultado nos seus comentários sobre aprenderem a aceitar os dias longos.

A premissa básica da teoria da aprendizagem social é aprender com, ou ser influenciado por, comportamentos observados (Bandura, 1971). A natureza social do estágio era suscetível de criar amizades entre os estagiários, uma vez que trabalhavam ao lado de outros estagiários ou empregados com competências e objectivos semelhantes. A estagiária D comentou que se tinha tornado muito amiga dos outros estagiários porque "conseguimos compreender as frustrações de cada um no trabalho". A estagiária F falou das mudanças "nem todas boas, mas necessárias" que efectuou e dos novos amigos que a ajudaram a mudar a sua forma de pensar sobre a cidade onde completou os estudos e o estágio. Mencionou os sorrisos e as pistas não verbais como sendo importantes para estabelecer comunicação e conforto uns com os outros. A sua capacidade de comunicar desta forma com os colegas de trabalho pareceu ajudá-la a estabelecer algumas amizades.

Os estagiários também identificaram as competências gerais de liderança que agora vêem em si próprios. No início do estágio, cada estudante apresentou as KSA e as caraterísticas que identificava nos líderes eficazes. Após a conclusão do estágio, cinco dos seis estagiários forneceram descritores das novas KSA e caraterísticas que consideram ter adquirido. A estagiária A sentiu-se "mais carismática, mais assertiva, menos tímida, equilibrada, não mostro o meu stress aos clientes, demonstro competências de gestão". Os estagiários revelaram que eram mais pacientes, compreensivos, tinham melhorado as suas capacidades de escuta, constrangimento, confiança, capacidade de delegar tarefas e capacidade de resolução de problemas. Embora uma estagiária considerasse que o seu diretor ainda estava a aprender a liderar, com visão e melhor comunicação a liderança era possível. O tema que surgiu repetidamente entre os estagiários foi o de que um líder deve liderar pelo exemplo e não apenas por ordens.

Categoria analítica 3: Percepções e avaliações do supervisor.

As percepções dos supervisores dos estagiários corroboraram que estes adquiriram, de facto, alguns conhecimentos, competências e capacidades que são consistentes com a liderança e as competências interpessoais. A maioria dos supervisores classificou os estagiários como "excelentes" em áreas relacionadas com a resolução de problemas, a capacidade de análise, a capacidade financeira, a formação de equipas, a capacidade de comunicação e o desempenho geral. Os supervisores responderam a todas as questões colocadas na avaliação e fizeram comentários e recomendações adicionais para a aprendizagem. O supervisor do estagiário F declarou que o seu desempenho era "superior" e que não conseguia determinar qualquer área em que o estagiário pudesse ter de melhorar. A estagiária F, nos seus comentários sobre o seu próprio desempenho, afirmou que tinha aprendido com os seus erros e identificou áreas em que tinha melhorado o seu desempenho, em especial no trabalho com os membros da sua equipa e no facto de se sentir mais à vontade para falar com os clientes. Pode parecer que a supervisora viu as melhorias e não os desafios desta pessoa, embora tenha afirmado que "espero que (a estagiária F) continue a fazer melhorias profissionais juntamente com a sua versatilidade na capacidade de comunicar".

Dois dos supervisores forneceram uma avaliação mais equilibrada, citando um desempenho mais "satisfatório" e delineando áreas em que os estagiários poderiam beneficiar de um maior desenvolvimento. Os supervisores manifestaram a sua gratidão para com os estagiários pelos seus contributos para as respectivas organizações, bem como salientaram áreas de melhoria, que eram de natureza de liderança e interpessoal. O supervisor do estagiário A classificou-a como "média" no que respeita à capacidade de resolver problemas de forma eficaz, à capacidade de estabelecer relações, de comunicar eficazmente e de receber críticas construtivas. No entanto, considerou-a acima da média em pensamento estratégico, serviço ao cliente

As suas competências, a sua capacidade de oferecer qualidade e os seus conhecimentos em matéria de tecnologia. Globalmente, atribuiu-lhe uma classificação de desempenho "média".

As perguntas de avaliação do desempenho a que os supervisores responderam derivam de modelos de competências identificados pelo sector da gestão hoteleira. As perguntas sobre liderança e competências interpessoais, bem como sobre áreas de crescimento e aprendizagem futura, dão aos supervisores uma compreensão das competências e capacidades que estão a ser avaliadas. Cada estagiário foi um caso diferente no âmbito deste estudo e, como tal, as percepções dos supervisores relativamente a determinadas competências e aptidões são susceptíveis de ser influenciadas pelos conhecimentos e aptidões exigidos pelos sectores em que trabalham e por esse estagiário. Pode haver variações no valor da competência analítica num segmento da indústria em relação a outro. Os factores demográficos e a experiência anterior do estagiário podem influenciar a avaliação global do desempenho, uma vez que o supervisor pode ter expectativas e descrições de funções diferentes em cada local, dependendo desses factores.

Os supervisores também indicaram, na sua esmagadora maioria, que o estagiário era bem-vindo de volta, ou que receberiam mais estagiários do programa de gestão hoteleira no futuro. Pode haver benefícios para o programa de gestão de hotelaria na manutenção de relações com empregadores e supervisores de estágio no sector da hotelaria. Os futuros estudantes de gestão hoteleira da Southeast Missouri State University podem beneficiar do acesso a locais de aprendizagem experimental em vários segmentos da indústria com um registo de proporcionar uma valiosa experiência de aprendizagem prática. Este acesso pode reforçar os esforços de recrutamento de estudantes e novas relações para todas as partes interessadas envolvidas.

O programa de gestão hoteleira da Southeast Missouri State University também pode beneficiar dos conhecimentos recém-adquiridos pelos alunos, que podem ser utilizados na sala de aula. Morgan (2004) sugere que "independentemente do nível de conhecimento adquirida pelo estudante no seu estágio de aprendizagem experimental, a experiência do estágio terá impacto na sua experiência na sala de aula".

Pressupostos do primeiro capítulo

No início deste estudo, foram apresentados vários pressupostos e poderá ser benéfico rever esses pressupostos à luz dos resultados apresentados.

O primeiro pressuposto era que os estagiários seriam diferentes no final do estágio do que quando começaram a experiência e que os estagiários mudariam individualmente. O desenvolvimento profissional e o crescimento pessoal ocorreriam como resultado do ciclo de aprendizagem que ocorre e que integra conhecimento, experiência e reflexão. Os estagiários deste estudo expressaram que adquiriram novas competências de liderança e interpessoais desejadas no sector da hotelaria. Os estagiários descreveram as novas competências e capacidades que acreditam ter adquirido após a conclusão do estágio, tais como: melhores competências de comunicação, paciência, capacidade de análise e capacidade de aprender com os erros, conhecimento prático do produto ou serviço que prestaram e maior auto-consciência. Os estagiários falaram sobre o crescimento pessoal que obtiveram, incluindo confiança e relações mais pessoais. Também comentaram as oportunidades que tiveram de integrar os conhecimentos adquiridos na sala de aula com a experiência prática que estavam a receber.

Um segundo pressuposto deste estudo foi o de que os supervisores do local de estágio que participam na supervisão e avaliação do estagiário são competentes na sua capacidade de avaliar os estagiários e de fornecer um feedback relativo. Os supervisores receberam a avaliação no início do estágio do aluno e, por isso, o investigador partiu do princípio de que tinham conhecimento das competências que estavam a ser medidas e que eram capazes e qualificados para supervisionar e avaliar os estagiários. Os supervisores que fizeram parte deste estudo incluíam os proprietários das empresas individuais, um diretor executivo (CEO), um chefe executivo e gestores de primeira linha. O investigador

partiu do princípio de que os supervisores tinham experiência anterior de supervisão de empregados. A supervisora do estagiário D forneceu o seu próprio formulário de avaliação, que era o formulário exigido por essa organização para avaliar os estagiários. As competências avaliadas nessa avaliação de desempenho eram, de um modo geral, semelhantes ou iguais às competências avaliadas por todos os outros supervisores.

Resumo da interpretação e das conclusões

Este capítulo apresentou as percepções dos estagiários e supervisores de gestão hoteleira relativamente às competências alcançadas durante uma experiência de estágio. Em resumo, a discussão ilustra a natureza individual do desenvolvimento das competências de liderança, mas as semelhanças que existem entre cada caso, bem como a forma como o processo de desenvolvimento da liderança varia no sector da hotelaria. Explica o que os estagiários consideram ser competências de liderança, como foram capazes de desenvolver essas competências, como consideram as competências que não desenvolveram, como o processo de estágio teve impacto nas suas vidas pessoais e a perceção do seu desenvolvimento de competências, tal como avaliado pelos seus supervisores.

O objetivo da análise dos resultados foi produzir um quadro holístico e integrado para sintetizar os dados, mas apresentar a profundidade dos casos individuais. A análise dos resultados foi também conduzida para dar sentido às nuances e diferenças estruturais dentro de cada local de estágio e aos factores pessoais que influenciaram o desenvolvimento das competências de cada estagiário. Ao analisar os dados de cada caso, o investigador não encontrou quaisquer factores significativos (demográficos, interpessoais e profissionais) que explicassem os resultados de forma diferente.

Ao analisar os resultados deste estudo, o leitor pode querer considerar alguns factores. Em primeiro lugar, a amostra utilizada neste estudo foi uma amostra de conveniência de seis estagiários que estavam a concluir o estágio obrigatório em gestão hoteleira. Em segundo lugar, o estudo centrou-se principalmente num conjunto específico de conhecimentos, aptidões e capacidades (KSA) normalmente associados à gestão hoteleira, mas não analisou todas as competências possíveis relacionadas com a liderança como um todo. Em terceiro lugar, a análise dos resultados não aborda a questão do nível de realização de KSAs específicas por um estudante em comparação com outro. É necessária mais investigação para examinar se a obtenção de determinadas AEC se baseia noutros factores, como a média de notas académicas, os traços de personalidade e outras informações demográficas, que podem influenciar ou ter impacto nas percepções individuais do processo de aprendizagem experimental. Por conseguinte, é de salientar que as implicações deste estudo são específicas das experiências dos seis estagiários deste estudo e não das percepções das competências alcançadas por todos os estagiários de gestão hoteleira. O investigador reconhece que pode haver um viés envolvido no facto de o investigador ser também um membro do corpo docente do programa de gestão hoteleira e o orientador de estágio. Para o efeito, o investigador tentou evitar qualquer parcialidade, mantendo a mente aberta durante todo o processo de recolha e análise de dados e consciente de que a análise destas conclusões é específica apenas para o pequeno grupo de estagiários que participaram neste estudo.

Conclusões e recomendações

O objetivo deste estudo de caso era obter mais conhecimentos sobre a relação entre a aprendizagem experimental, ou estágios, e a obtenção de competências de liderança. Este estudo explorou as percepções de seis estagiários de um programa de estágio em gestão hoteleira sobre as competências de liderança que adquiriram durante o estágio. As conclusões deste estudo seguem as questões de investigação e os resultados e abordam as seguintes áreas: Perceção de que as competências de liderança foram adquiridas em vários domínios, mas que subsistem lacunas

As competências interpessoais foram reforçadas
Ocorreu crescimento e mudança pessoal
As percepções dos supervisores foram globalmente positivas
Segue-se uma discussão das conclusões retiradas deste estudo, seguida das recomendações do investigador para este estudo.

Perceção de que as competências de liderança foram adquiridas em vários domínios, mas subsistem lacunas

A primeira grande conclusão deste estudo é que cinco dos seis estagiários identificaram as competências analíticas, financeiras e de resolução de problemas que adquiriram. Uma conclusão que se pode retirar deste é que houve oportunidades de aprendizagem prática para desenvolver estas competências de liderança. A sua exposição a situações de gestão permitiu-lhes desenvolver ou melhorar as suas capacidades analíticas e aprender algumas realidades financeiras novas, e puderam ver os resultados de uma má e boa gestão financeira. Também lhes foi dada a oportunidade de resolver problemas e encontrar as soluções por si próprios. Uma conclusão relacionada é que os cargos de estágio que ocuparam foram estruturados de forma a proporcionar ao estagiário uma exposição de nível inicial às competências de liderança e que aprenderam por tentativa e erro, com consequências limitadas para os erros durante a sua experiência de aprendizagem. Embora nem todas as competências de liderança estivessem disponíveis para aprendizagem ao mesmo nível, os estudantes foram capazes de as reconhecer e de as abordar dentro do seu grau de exposição.

Também se pode concluir que houve pouca oportunidade para adquirir competências em marketing e tecnologia. Aparentemente, estas competências foram mais utilizadas e desenvolvidas pelo estagiário que trabalhou no sector dos estágios de alojamento do que nos outros estágios. Uma conclusão adicional e relacionada é que os locais não exigiam tecnologia avançada devido a vários factores e os estagiários não tinham posições que exigissem essas competências de marketing e tecnologia no seu nível de posição. Pode-se concluir que isso não significa que essas competências não sejam valiosas para essas organizações, mas que não foram enfatizadas durante essas experiências específicas.

Foram adquiridas competências interpessoais

A segunda grande conclusão foi que todos os estagiários melhoraram as suas competências interpessoais. Os estagiários demonstraram estar conscientes da importância destas competências por parte dos seus supervisores e gestores e foram capazes de fornecer pormenores sobre as suas trocas de impressões com os trabalhadores, os conflitos e as soluções a eles associados e a sua maior confiança nestas competências. Os estagiários fizeram referência a experiências de trabalho anteriores que os sensibilizaram e os deixaram um pouco mais à vontade com as competências interpessoais. Uma conclusão que se pode retirar deste facto é que os estagiários foram capazes de reconhecer estas competências e o seu valor, bem como os seus pontos fortes e fracos relativamente a estas competências. Falaram de experiências anteriores que os podem ter ajudado a abraçar o trabalho em equipa e a concentrarem-se nas competências de comunicação que consideram importantes. Uma conclusão relacionada com isto é que foram capazes de adquirir esta competência de forma competente e de obter maiores ganhos devido à sua consciência e experiência anterior com estas competências. A sua crítica da gestão pode implicar que estão confiantes no seu conhecimento sobre o assunto. Alguns dos estagiários indicaram que já tinham visto alguns dos comportamentos de outros gestores. Uma conclusão final que pode ser feita é que os comentários dos estagiários sobre as competências interpessoais indicam uma capacidade de analisar o comportamento no âmbito das competências interpessoais, uma vez que vários estagiários analisaram as suas competências de comunicação e o seu impacto nos membros da sua equipa.

Crescimento pessoal e mudança

Os estagiários identificaram vários factores que tiveram impacto no seu crescimento e desenvolvimento individual, mas houve alguns pontos em comum entre eles. A quarta conclusão deste estudo foi que todos os estagiários expressaram que tiveram um crescimento pessoal no final do estágio e adquiriram algumas das mesmas competências de liderança que identificaram no início do estágio como sendo competências de liderança desejáveis. A maioria afirmou que teve de se adaptar às mudanças que o novo estágio exigia, como dias mais longos e supervisão mínima. A maioria também afirmou que a sua motivação, a experiência prática e as suas relações ajudaram a guiá-los no seu crescimento. Podemos tirar duas conclusões deste facto. A capacidade de adaptação à mudança indica que os estágios são diferentes das experiências de trabalho anteriores e que eram rigorosos e exigentes, exigindo que os estagiários gerissem a mudança e as novas exigências. Todos os estagiários comentaram este facto, o que indica que a transição para uma vida de trabalho diária é um passo importante para expor os estagiários à realidade de algumas das exigências da indústria hoteleira. Uma segunda conclusão é que a experiência prática em que participaram teve impacto no seu crescimento pessoal. Os estagiários falaram de forma reflectida sobre como a experiência os ajudou a aprender novas competências e, apesar dos maus momentos do estágio, expressaram gratidão pela sua experiência. Foram capazes de identificar novas competências específicas que alcançaram no final do estágio.

Percepções dos supervisores sobre as competências de liderança

A quinta conclusão do estudo foi que a maioria dos supervisores dos estagiários tinha uma perceção favorável dos estagiários relativamente ao desenvolvimento das suas competências de liderança. A principal conclusão que se pode tirar deste facto é que os supervisores estavam globalmente satisfeitos com o desempenho dos estagiários, com base nas suas classificações e comentários. Os supervisores classificaram os estagiários como satisfatórios (3), acima da média (4) e excelentes (5) em todas as mesmas competências de liderança e interpessoais. Os supervisores eram competentes nos seus cargos e foram capazes de classificar os estagiários de forma exacta e equitativa. Uma segunda conclusão desta constatação é que ainda restam oportunidades de aprendizagem para alguns dos estagiários. Os supervisores forneceram
Os supervisores responderam "sim" à pergunta sobre a sua vontade de supervisionar futuros estagiários do programa de gestão hoteleira. Cada supervisor também respondeu "sim" à pergunta sobre a sua disponibilidade para supervisionar futuros estagiários do programa de gestão hoteleira. Pode concluir-se que os estagiários deste estudo têm um desempenho global suficientemente satisfatório para justificar o interesse futuro em estagiários do mesmo programa de gestão hoteleira. O desempenho destes estagiários parece refletir-se positivamente na preparação dos estudantes para um estágio.

Recomendações

O investigador apresenta recomendações com base nos resultados e conclusões deste estudo. As recomendações que se seguem destinam-se a:

- Estagiários de gestão hoteleira
- Orientadores e docentes de estágios do Programa Académico de Gestão Hoteleira
- Supervisores de estágio no sector da gestão hoteleira
- Recomendações para investigação futura.

Recomendações para estagiários de gestão hoteleira

Existem vários factores individuais que podem influenciar a experiência de cada estagiário. Dois factores que pareceram melhorar a experiência dos estagiários foram a sua experiência de trabalho anterior e a compreensão dos objectivos e metas do estágio. O impacto que a aprendizagem experimental teve na vida dos participantes neste estudo pode sugerir que quanto mais informado o estagiário estiver sobre as expectativas do estágio, e quanto mais experiência tiver com o trabalho e outras actividades de adaptação à vida, mais apto estará para melhorar o seu desenvolvimento geral de competências de liderança. Uma recomendação a ter em conta é que a hospitalidade

O investigador recomenda que o estudante de gestão adquira experiência de trabalho antes do estágio para facilitar a adaptação às exigências do estágio e para melhorar a experiência global. O investigador recomenda também que o estagiário compreenda as metas e os objectivos do estágio antes de o iniciar, para que possa corresponder às expectativas do empregador e identificar o seu desenvolvimento e crescimento pessoal.

Recomendações para os orientadores e docentes de estágios em gestão hoteleira

Os professores e orientadores dos programas de gestão hoteleira podem considerar várias maneiras pelas quais os resultados e conclusões deste estudo podem beneficiar os seus programas. Devem ser considerados os seguintes aspectos:

- Os estagiários destacaram as suas percepções das aptidões e competências exigidas aos profissionais de gestão hoteleira. Viram oportunidades para integrar os seus conhecimentos de sala de aula sobre as KSAs na experiência de estágio. Os orientadores e professores dos programas de gestão hoteleira devem considerar a possibilidade de garantir que os alunos tenham um conhecimento fundamental das KSAs que são desejadas pela indústria e como integrar o seu conhecimento com as competências e capacidades desejadas no local de trabalho, criando o ciclo de aprendizagem que foi identificado como benéfico no processo de aprendizagem experimental.
- Os professores e orientadores dos programas de gestão hoteleira devem trabalhar com os profissionais do sector para estabelecer relações que continuem a proporcionar acesso a oportunidades de estágio e para ajudar a conceber as competências e os resultados que se

alinham com o crescimento do sector hoteleiro e do meio académico.

Recomendações para os supervisores de estágio no sector da gestão hoteleira

Os profissionais do sector que concebem e supervisionam os estudantes em estágios de gestão hoteleira devem:

- Compreender o âmbito do programa de gestão hoteleira e os cursos que os estagiários estão a concluir antes do estágio, para que o supervisor possa conceber melhor o estágio que melhor se adequa à base de conhecimentos a que o aluno foi exposto.
- Compreender as políticas e os procedimentos do estágio e a forma como os estagiários cumprem os requisitos.
- Ter a capacidade de supervisionar o estagiário e dar feedback construtivo para o seu desenvolvimento de liderança e gestão.
- Manter uma relação com o pessoal de gestão hoteleira para garantir que a organização de gestão hoteleira tenha acesso a futuros gestores e líderes através da aprendizagem experimental para manter o seu crescimento no sector com profissionais qualificados.

Recomendações para investigação futura

Esta investigação deve fornecer informações valiosas sobre a forma como os programas de gestão hoteleira podem preparar os estudantes como futuros líderes na indústria e ajudar a colmatar o défice de liderança que existe. No entanto, com base nas limitações desta investigação, um estudo que utilizasse uma população maior em programas de gestão hoteleira mais diversificados forneceria mais dados sobre a profundidade e a gama de competências de liderança que os estagiários estão a adquirir.

Deve ser feita mais investigação sobre os licenciados dos programas de gestão hoteleira que concluíram estágios para identificar que tipo de cargos de gestão e liderança ocupam e se as competências de liderança e interpessoais que adquiriram são utilizadas nos seus cargos actuais. Finalmente, mais investigação pode ser benéfica para os programas de gestão hoteleira que não têm componentes de aprendizagem experimental no seu currículo. Identificar como outros programas podem implementar as mudanças estruturais e filosóficas necessárias para incorporar um programa de aprendizagem experimental no currículo pode ser valioso.

REFERÊNCIAS

American Hotel & Lodging Association 2011 Lodging Industry Profile (2010 at a glance), 5/25/12).

Annaraud, K. (2006). A Comparison of Skills Necessary for Successful Careers for American and Russian Hospitality Students upon Graduation. Journal of Hospitality & Tourism Education, 18 (4), 33-44.

Arendt, Susan W., & Gregoire, Mary B. (2008). Reflection by Hospitality Management Students Improves Leadership Practice Scores (A Reflexão dos Estudantes de Gestão Hoteleira Melhora os Resultados da Prática de Liderança). Journal of Hospitality & Tourism Education, 20 (2), 10-15.

Bandura, Albert. (1971). Teoria da Aprendizagem Social. Nova Iorque, NY: General Learning Press.

Barrows, C. & Bosselman, R. (1999). Hospitality Management Education. Binghamton, NY: The Hawthorn Hospitality Press.

Billsberry, J. (2009). The Social Construction of Leadership Education [A Construção Social da Educação para a Liderança]. Revista de Liderança

Educação, 8: 1-9.

Bloomberg, L. & Volpe, M. (2012). Completing your Qualitative Dissertation: A Road Map from

Do princípio ao fim. Thousand Oaks, CA: Sage Publications.

Bogdan, R.C., & Biklen, S. K. (1982). Qualitative research for education: An introduction to theory and methods. Boston: Allyn and Bacon, Inc.

Bolman, L. & Deal, T. (2008). Reframing Organizations: Artistry, Choice, and Leadership (4th ed.). 10, 149-157. São Francisco: Jossey-Bass.

Brownell, Judi (2007). Liderança em terra e no mar: Competencies and Context. Revista Internacional de

Hospitality Management. 27 (2008), 137-150.

Bruffee, K. (1999). Collaborative Learning: Higher Education, Interdependence, and the Authority of Knowledge (2nd ed.). Baltimore: The John Hopkins University Press.

Butterfield, L.D., Borgen, W.A., Amundson, N.E., & Maglio, A.T. (2005). Fifty Years of the Critical Incident Technique: 1954-2004 and Beyond. Qualitative Research, 5(4), 475-497.

Cannon, A.J. & Arnold, M. J (1998). Expectativas dos estudantes em relação aos programas de estágio universitário em gestão; uma atualização de 10 anos. Journal of Education for Business 73(4),

202-205.

Chung-Herrara, B., Enz, C. e Lankau, M. (2003). Grooming Future Hospitality Leaders: A Competency Model. Cornell Hotel and Restaurant Administration Quarterly, junho de 2003, 17-25.

Clark, J. e Webb White, G. (2010, fevereiro). Aprendizagem experimental: A Definitive Edge in the Job Market (Uma vantagem definitiva no mercado de trabalho). American Journal of Business Education 3, 2, 115-118.

Clark, R.A., Hartline, M.D., e Jones, K.C., (2009, maio). The Effects of Leadership Style on Hotel Employees' Commitment to Service Quality (Os efeitos do estilo de liderança no compromisso dos funcionários do hotel com a qualidade do serviço). Cornell Hospitality Quarterly, 50 (2), 209-231.

Cook, S., Parker, R., Pettijohn, C., (2004). A perceção dos estagiários: Um estudo de caso longitudinal. Journal of Education for Business, 79 (3), 179-186.

Creswell, J.W. (2007). Investigação e Avaliação em Educação e Psicologia: Integrating Diversity with Quantitative, Qualitative, and Mixed Methods (2nd ed.). Thousands Oaks, CA: Sage Publications.

Crosbie, R. (2005). Learning the Soft Skills of Leadership. Industrial and Commercial Training, 37(1), 45-51.

Dewey, J. (1938). Experience and Education. Nova Iorque: Collier Books.

Drucker, P. (1968). The Age of Discontinuity. Nova Iorque: Harper & Row, p. 264.

Duke, C. (2002). Resultados da aprendizagem: Comparing Student Perceptions of Skill Level and Importance. Journal of Marketing Education, 24(3), 203-217.

Eraut, Michael (2004, julho). Informal Learning in the Workplace (Aprendizagem informal no local de trabalho). Estudos em Educação Contínua, 26(2), 247-273.

Eyler, J. (2009). The Power of Experiential Education [O Poder da Educação Experiencial]. Liberal Education, 95(4), 24-31.

Fink, A. (2009). Como realizar inquéritos: A Step-by-Step Guide, 4th ed., Thousand Oaks, CA: Sage Publications. Thousand Oaks, CA: Sage Publications.

Ford, J., Lawler, J. (2007) Combinando abordagens existencialistas e construcionistas em estudos de liderança: An exploratory account. Leadership & Organization Development Journal, 28(5), 409 - 425

Furst-Bowe, J.A. & Wentz, M. (2006). Para além do Baldrige. University Business. 9(9), 45-48.

Gault, J., Redington, J., & Schlager, T. (2000). Estágios de licenciatura em gestão e sucesso na carreira: Are they ready? Journal of Marketing Education, 22(1), 45-53.

Gentry, J. W. (1990). O que é a aprendizagem experimental? Guide to Business Gaming and Experiential Learning, 9-29.

George, R. (1999). Toward a constructivist framework for guiding change and innovation in higher education (Para um quadro construtivista de orientação da mudança e da inovação no ensino superior). Journal of Higher Education, 70 (3), 235-236.

Getty, J.M, Tas, R. E., & Getty, R.L. (1991). Quality assessment of hotel and restaurant management graduates: Estamos a cumprir a nossa missão? Hospitality Research Journal, 14 (2), 393-403.

Gill, Stephen (2010). Developing a Learning Culture in Nonprofit Organizations [Desenvolver uma Cultura de Aprendizagem em Organizações Sem Fins Lucrativos]. Thousand Oaks, CA: Sage.

Gregoire, M. B. (2010). Foodservice Organizations: A Managerial and Systems Approach (8th ed.). Saddle River, N.J.: Pearson.

Grint, K. (2000). The Arts of Leadership. Oxford: Oxford University Press.

Groenewald, T. (2004, abril). A Phenomenological Research Design Illustrated. Revista Internacional de Investigação Qualitativa, 3(1), 1-26.

Hedrick, T.E., Bickman, L., & Rog, D. (1993). Applied Research Design: A Practical Guide. Newbury Park, CA: Sage Publications.

Hite, R. & Bellizzi, J. (1986). Expectativas dos estudantes em relação a programas de estágio universitário em marketing. Journal of Marketing Education 8 (3), 41-49.

Hoepfl, M. (1997). A escolha da investigação qualitativa: A Primer for Technology Education Research. Journal of Technology Education. 9 (1), 47-55.

Hoover, D. & Whitehead, C. (1975). Uma Metodologia Experiencial-Cognitiva no Primeiro Curso de Gestão: Some Preliminary Results. Simulation Games and Experiential Learning in Action, 2, 23-25.

Hoover, J. Duane e Carlton Whitehead (1975), "An Experiential-Cognitive. Metodologia no Primeiro Curso de Gestão: Alguns Resultados Preliminares". Simulation Games and Experiential Learning in Action, Richard H. Buskirk (ed.), 25-30.

Jenning, C. & Wargnier, J. (2010). Aprendizagem experiencial - uma forma de desenvolver mentes ágeis na economia do conhecimento? Desenvolvimento e Aprendizagem nas Organizações. 24 (3), 14-16.

Johanson, M., Ghiselli, R., Shea, L., e Roberts, C. (2011). Competências em mudança da hotelaria Líderes: A 25-Year Review. Journal of Hospitality & Tourism Education, 23(2), 43-47

Ju, J. (1997). Percepções dos estudantes coreanos sobre a eficácia das suas experiências de estágio no sector da hotelaria na Coreia. (UMI No. 1385983)

Katz, R. L. (1974). Skills of an effective administrator. Harvard Business Review, 52(5), 90-102.

Kay, Christine & Moncarz, Elisa (2004). Knowledge, Skills, and Abilities for Lodging Management (Conhecimentos, Competências e Habilidades para a Gestão de Alojamentos). Cornell Hotel and Restaurant Administration Quarterly. 45(3), 285-298.

Kay, Christine & Russette, John (2000, abril). Hospitality Management Competencies: Identifying Managers' Essential Skills. Cornell Hotel and Restaurant Quarterly. (41), 52-63

King, B. (1994). Educação cooperativa para estudantes de hotelaria e turismo: Um estudo de caso australiano. Australian Journal of Hospitality Management, 1(2), 53-70.

Kolb, D. (1984). Experiential Learning: Experience as the Source of Learning and Development. Englewood Cliffs, New Jersey: Prentice Hall.

Koppel, J.N. (1976). A experiência de campo na gestão da hospitalidade. The Journal of Hospitality Education, 1(1), 6-19.

Lam & Ching (2006) in Lee, S. & Dickson, D. increasing student learning in the classroom through experiential learning programs outside the classroom. Journal of Hospitality & Tourism Education. (2010). 22 (3) 27-34

Lee, S. (2007). Aumentar a aprendizagem dos estudantes: A Comparison of Student's Perceptions of Learning in the Classroom Environment and their Industry-Based Experiential Learning Assignments. Journal of Teaching in Travel & Tourism. 7 (4), 37-54.

Lee, S. & Dickson, D. (2010). Aumentar a aprendizagem dos alunos através de programas de aprendizagem experimental fora da sala de aula. Journal of Hospitality & Tourism Education, 22 (3), 27-34.

Lee, Seoki e Kamp, Harvey (2005). Learning-styles of Hospitality Students: Será que o interesse pela carreira faz diferença nos estilos de aprendizagem? Journal of Hospitality & Tourism Education.

17(3), 27-33.

Lincoln, Y.S. & Guba, E.G. (2000). Paradigmatic Controversies, Contradictions, and Emerging Confluences (Controvérsias Paradigmáticas, Contradições e Confluências Emergentes). Em N.K. Denzin & Y.S. Lincoln (Eds.), Handbook of Qualitative Research (2nd ed., pp.163-168). Thousand Oaks, CA: Sage.

Mau, W.C. & Fernandes, A. (2001). Caraterísticas e satisfação dos estudantes que utilizaram serviços de orientação profissional. Journal of College Student Development, 42 (6), 581-588.

Maxwell, C. I. & Greenhalgh, A.M. (2011). Imagens de Liderança: A New Exercise to Teach Leadership from a Social Constructionist Perspective. Organization Management Journal (8), 106-110.

Merriam, S. B. (1998). Qualitative Research and Case Study Applications in Education [Investigação Qualitativa e Aplicações de Estudos de Caso na Educação]. São Francisco, CA: Jossey Bass. (p. 44-49)

Mertens, D.M. (2005) Research and Evaluation in Education and Psychology: Integrating Diversity with Quantitative, Qualitative, and Mixed Methods (2nd ed.). Thousand Oaks, CA: Sage Publications.

Moore, D. T. (2004). Curriculum at Work: An Educational Perspective on the Workplace as a Learning Environment. Journal of Workplace Learning, 16, 325-340.

Moore, D. T. (2007). Analisar a aprendizagem no trabalho: An Interdisciplinary Framework. Publicado em linha: 1 de agosto de 2007: Springer Science and Business Media, LLC. pp. 175-188.

Morgan, M. (2004). Da linha de produção à escola de teatro: Higher Education for the Future of Tourism. International Journal of Contemporary Hospitality Management, 19(2), 91-99.

Associação Nacional de Colégios e Empregadores (NACE). (abril, 2010) Spotlight Online for Career Services Professionals. Recuperado em 14 de agosto de 2011, de http://www.naceweb.org/Publications/Spotlight_Online/2010/0428/Internship_Programs

Nelson, A.A. (1994). Estágios em hotelaria: Os efeitos das dimensões do trabalho e das relações de apoio na satisfação do estudante. (Dissertação de doutoramento, Wayne State University, 1994). Doctoral Abstracts International, 56 (02), 626.

Nonaka, I. (1991). A empresa criadora de conhecimento. Harvard Business Review, novembro-dezembro, 96-104.

Parker, D.L., Webb, J., & D'Souza, B. (1995, abril). The Value of Critical Incident Analysis as an Educational Tool and its Relationship to Experiential Learning. Nurse Education Today, 15 (2): 111-6.

Patton, M. Q. (1990). Qualitative Evaluation and Research Methods (2ª ed.). Newbury Park, CA: Sage Publications, Inc.

Patton, M. Q. (2002). Qualitative Research and Evaluation Methods, 4th ed., Thousand Oaks, CA. Thousand Oaks, CA: Sage Publications.

Pavesic, D. (1991). Pragmatic Issues in Undergraduate Hospitality Education (Questões Pragmáticas no Ensino Superior de Hotelaria). Hospitality & Tourism Educator, 3(2), 38-51

Perry, P. (1989, 17 de julho). As empresas querem mais das escolas de marketing. Revista Marketing News, pp1-2.

Polkinghorne, D.E. (1983). Metodologia para as Ciências Humanas: Systems of Inquiry. Albany: State of New York University Press.

Raymond, M.A. & McNabb, D.E (1993). Preparing graduates for the workforce: The role of business education. Journal of Business Education, 68 (4), 202-206.

Rost, J. C. (1991). Leadership for the Twenty-First Century (Liderança para o Século XXI). Westport, CT: Greenwood.

Saldana, J. (2009). The Coding Manual for Qualitative Researchers (Manual de codificação para investigadores qualitativos). Thousand Oaks, CA: Sage Publications.

Sandwith, P.(1993). in Solnet, D., Kralj, A., Kay, Christine, & DeVeau, L., (2009). Um modelo de competência de estágio de alojamento: Enhancing Educational Outcomes through Work Integrated Learning. Journal of Hospitality & Tourism Education, 21, (4), 16-23.

Simmons, J. C. (2006). Hospitality Internships as a career development tool: Percepções e expectativas das partes interessadas. (Dissertação de Doutoramento, Universidade de Auburn, 2006). UMI No. 3253141.

Simon, R. I, Dippo, D., & Schenke, A. (1991). Trabalho de aprendizagem: A Critical Pedogagoy of Work Education. New York: Bergin & Garvey

Solnet, D., Kralj, A., Kay, Christine, & DeVeau, L., (2009). Um modelo de competência de estágio de alojamento: Melhorar os resultados educativos através da aprendizagem integrada no trabalho. Journal of Hospitality & Tourism Education, 21, (4), 16-23.

Strauss, A & Corbin, J. (1990). Fundamentos da Investigação Qualitativa: Grounded Theory Procedures and Techniques, 2nd ed., Sage Publications Inc. Sage Publications, Inc.

Tas, R.F. (1998). Ensinando futuros gerentes. The Cornell Restaurant Administration Quarterly, 29(2), 41-43.

Tesone, D. (2004, 6 de novembro). Whole Brain Leadership Development for Hospitality Managers. International Journal of Contemporary Hospitality Management, 16, 363-368.

Thiel, G. R. & Hartley, N.T. (1997). Educação cooperativa: A natural synergy between business and academia. SAM Advanced Management Journal, 62(3), 19-24.

Tobias, A.J. (1996). Co-op Programs a Good Deal All Around". Electronic Engineering Times, (1996, 30 de setembro), p. 142.

Umbreit, W.T. (1993). Competências essenciais: O que os licenciados precisam para ter sucesso. Hosteur, 3 (1), 10-12.

Wilson (1988) como encontrado em Lee, S. & Dickson, D. (2010). Aumentar a aprendizagem dos alunos através de programas de aprendizagem experimental fora da sala de aula. Journal of Hospitality & Tourism Education, 22 (3), 27.

World Travel & Tourism Council, Economic Impact Outlook 2012, http:// www.wttc.org, 5/25/12

Young, Cheri A., & Lundberg, Craig C. (1996). Creating a Good First Day on the Job. Cornell Hotel and Restaurant Administration Quarterly. (37), 6, 26-33.

Yukl, G. (2006). Leadership in Organizations, (7th Ed.). Upper Saddle River, N.J.: Prentice Hall

Zopiatis, A. (2007). Hospitality Internships in Cyprus: A Genuine Academic Experience or a Continuing Frustration? International Journal of Contemporary Hospitality Management, 19(1), 65-77.

Zopiatis, A. e Constanti, P. (2012). Gerenciando práticas de estágio em hospitalidade: A Conceptual Framework. Journal of Hospitality & Tourism Education, 24 (1), 44-50.

Zwaal, W. e Otting, H. (2007). Hospitality Management Students' Conceptions of Education (Concepções de Educação dos Estudantes de Gestão Hoteleira). Tourism and Hospitality Research, 7, 256-268.

MIX
Papier aus verantwortungsvollen Quellen
Paper from responsible sources
FSC® C105338

Printed by Books on Demand GmbH, Norderstedt / Germany